수륙무차평등재의촬요

수륙무차평등재의촬요

水陸無遮平等齋儀撮要

미등 譯著

불광출판사

서문

종교 의례는 의례의 설행을 통해 그 종교가 갖고 있는 사상을 체득시키는 하나의 방편이기도 하다. 수륙재도 다르지 않아, 의례문의 내용과 절차에 따른 의식을 통해 불교 사상을 대중에게 일깨워 주고자 하는 목적을 지니고 있다. 불교의 교학적 관점에서 수륙재는 '일체중생 실유불성(一切衆生 悉有佛性)'의 생명 존엄 사상을 바탕으로 하여 무차평등(無遮平等)을 구현하는 의식이다.

수륙재는 고려 시대에 이 땅에 전해진 후, 조선 시대를 거쳐 오늘날까지 면면히 계승되어 오고 있다. 하지만 1990년을 전후하여 불교 의례로서의 수륙재는 대중의 인식에서 점점 잊혀져 가는 듯하였다. 그러다 2000년대에 들어서며 불교 의례 가운데 주목을 받는 의례가 되었다. 마침내 2013년에 국가 무형 문화재로 지정되기에 이르더니, 지금은 전국에 걸쳐 마치 유행처럼 설행되는 양상을 보이고 있다.

이렇듯 수륙재가 널리 설행되고 있는 시대적 배경과 불교 의례도 한문에서 한글로 바뀌어야 한다는 시대적 소명이 만나면서, 수륙 의례문에 대한 번역 작업이 다소 진행되었다. 물론 이러한 작업은 의례에 대한 이해를 돕기 위한 목적 아래 진행되었다. 그러나 아쉽게도 번역된 의례문 또한 의례 전문가들이 이해하기에도 난해한 것이 사실이다.

조선 시대 백파 긍선 스님께서 『작법귀감(作法龜鑑)』의 서문에서 말씀하신 "부처님을 받들어 모시는 의식이 도리어 부처님의 가르침을 비방하는 큰 허물이 되는 줄 누가 알겠는가(誰知供佛之慶事 翻作誹法之大愆)?"라는 우려가 무겁게 다가온다. 필자 또한 이해를 돕는다는 명분 아래 본래 의례가 지니고 있는 가르침을 그르치지는 않을까 하는 두려움에서 자유롭지 못하다. 의례문을 편찬하신 역대 조사님들의 법향(法香)을 깨닫기에는 수행과 학문의 깊이가 일천함을 면치 못하나, 의례의 본래 기능을 회복시키고자 하는 마음이 앞서다 보니 무모함을 무릅쓰게 되었다.

의례는 당해 종교의 가르침으로 구성되어 있기에 그 맥락의 의미를 이해하지 못한다면 기복의 모습을 벗어나기 어렵다. 필자는 이 책이 수륙 의례를 통해 설해지는 불교의 가르침을 이해하는 데 도움이 되기를 바란다. 아울러 수륙 의례의 진행 형식과 절차에 대한 이해를 유도하여, 절차에 따라 수반되는 의식에 대한 이해로 이어져, 한국 수륙재의 모습을 입체적으로 이해하는 데 일조하기를 기대한다.

끝으로 이 책이 나올 수 있도록 도와주시고 격려해 주신 송산 도서(松山道瑞) 스님과 금산 승원(金山勝源) 스님께 머리 숙여 감사의 인사를 드린다.

壬寅年 春三月 靑梅蘭若에서

일러두기

1. Ⅱ장 『수륙무차평등재의촬요』는 [표-1]의 자료에서 비교적 시대가 올라가는 무량 사판본을 모본으로 하였다.

2. Ⅱ장의 구성은 무량사판본에서는 '9. 개벽오방편'과 '10. 안위공양편'에 편수를 부 과하지 않았으나, 편수를 부과한 판본을 참조하여 37편으로 하였다.

3. Ⅱ장의 원문에 서술된 주(註)의 체계는 『수륙무차평등재의촬요』를 그대로 따랐다.

4. 판본에서 작은 글씨로 표기된 주(註)는 원문에서 [　]로 표시하였으며, 해석에서도 [　]으로 표시하였다.

5. Ⅱ장의 번역 작업은 의례의 본질적 기능에 입각한 해석과 한글 의례문으로의 설행 이라는 두 가지 관점을 고려하여 진행하였다.

6. 판본에 따라 한자가 다른 경우에는 판본 명칭과 해당 판본에 보이는 글자를 주석에 서 명시하였다.

Ⅱ. 수륙무차평등재의촬요(水陸無遮平等齋儀撮要)

8

Ⅲ. 수설수륙대회소(修設水陸大會所) 방소문(榜疏文)

Ⅳ. 제소피봉(諸疏皮封)

Ⅰ

—

수륙재 개관

1
수륙재의 사상적 근거가 되는 소의경전

수륙재(水陸齋)는『불설구발염구아귀다라니경(佛說救拔焰口餓鬼陀羅尼經)』[01]과『불설구면연아귀다라니신주경(佛說救面然餓鬼陀羅尼神呪經)』[02]을 소의경전(所依經典)으로 하고 있다. 이 경전에서 어느날 밤 아난(阿難)의 꿈에 아귀(餓鬼)가 나타나 음식을 구하였다. 이에 아난이 아귀가 일러 주는 대로 아귀와 바라문(婆羅門)과 선인(仙人)에게 음식을 베푸는 내용이 등장한다. 이 설화가 수륙재의 사상적 근거가 된다. 바라문과 선

01　「佛說救拔焰口餓鬼陀羅尼經」,"爾時阿難 獨居靜處 念所受法 即於其夜 三更已後 見一餓鬼 名曰焰口. 其形醜陋 身體枯瘦 口中火然 咽如針鋒 頭髮鬖亂 爪牙長利 甚可怖畏. 住阿難前 白阿難言 卻後三日 汝命將盡 即便生此 餓鬼之中. 阿難 聞此語已 心生惶怖 問餓鬼言 若我死後 生餓鬼者 行何方便 得免斯苦. 爾時餓鬼 白阿難曰 汝於明日 若能布施 百千那由佗恒河沙數餓鬼 并百千婆羅門仙等 以摩伽陀國所用之斛 各施一斛飲食并 及為我供養三寶 汝得增壽 令我離於餓鬼之苦 得生天上. 難見此 焰口餓鬼 身形羸瘦 枯焦極醜 口中火然 咽如針鋒 頭髮鬖亂 爪牙長利 又聞如是 不順之語 甚大驚怖 身毛皆豎. 即從座起 疾至佛所 五體投地 頂禮佛足 身體戰慄 而白佛言. 願救我苦 所以者何 我住靜處 念所受法 見焰口餓鬼 而語我言 汝過三日 必當命盡 生餓鬼中. 我即問言 云何令我得免斯苦 餓鬼答言 汝今若能 施於百千那由佗恒河沙數餓鬼 及百千婆羅門仙等 種種飲食 汝得增壽. 世尊我今 云何能辨 若干餓鬼 仙人等食. 爾時世尊 告阿難言 汝今勿怖 我有方便 令汝能施 若干百千恒河沙餓鬼 及諸婆羅門仙等 種種飲食勿生憂惱."『高麗大藏經』第36卷, p.963.

인을 '수(水)'로 상징화하고 아귀를 '륙(陸)'으로 상징화하여, 수와 륙을 대상으로 공양을 베푸는 의식을 수륙재라 칭한 것이다. 아귀를 구제하기 위해 법식(法食)을 베푸는 점에 주목하여, 수륙재를 '시아귀회(施餓鬼會)'라고도 한다.

02 「佛說救面然餓鬼陀羅尼神呪經」, "爾時阿難 獨居淨處 一心繫念 即於其夜 三更之後 見一餓鬼 名曰面然 住阿難前 白阿難言卻後三日汝命 將盡即便生 此餓鬼之中. 是時阿難 聞 此語已 心生惶怖 問餓鬼言 我此災禍 作何方計 得免斯苦. 爾時餓鬼 報阿難言 汝於晨朝 若 能布施 百千那由他恒河沙數餓鬼 并百千婆羅門 及仙人等 以摩伽陀國斗 各施一斗飮食并 及為我供養三寶 汝得增壽令 我離於餓鬼之苦 得生天上. 阿難見此 面然餓鬼 身形羸瘦 枯燋 極醜 面上火然 其咽如針 頭髮蓬亂 毛爪長利 身如負重 又聞如是 不順之語 甚大驚怖 身毛皆 豎. 即從座起 疾至佛所 五體投地 頂禮佛足 身心顫慄 而白佛言. 救我世尊 救我善逝 過此三 日 命將終盡 昨夜見一面然餓鬼 而語我言 汝於三日 必當命盡 生餓鬼中. 我即問言 以何方計 得免斯苦 餓鬼答言 汝若能施 百千那由他恒河沙數餓鬼 及百千婆羅門并諸仙等 飮食 汝得 增壽. 世尊我今云何 得免此苦. 爾時世尊 告阿難言 汝今勿怖 有異方便 令汝得施 如是餓鬼 諸婆羅門 及仙等食 勿生憂惱."『高麗大藏經』第13卷, p.1251.

16

2
수륙재에 대한 인식과
수륙의 의미

소의경전과 관계없이 오늘날 수륙재가 어떻게 인식되고 있는가는 수
륙재에 대한 정의를 통해서 알 수 있다. 오늘날 학계에서 내린 수륙재에
대한 정의는 다음과 같다.

① 물과 땅에서 헤매고 있는 외로운 영혼과 아귀를 위로하기 위하
  여 불법을 강설하고 음식을 공양하는 의식.
② 수륙의 무주고혼을 위해 평등하게 불법을 설하고 공양을 베푸
  는 의식.
③ 물이나 육지에 있는 고혼과 아귀에게 공양하는 의식.
④ 수륙망혼의 천도를 위해 거행되는 재의식.
⑤ 무주고혼의 천도를 위해 개설되는 재.
⑥ 망혼의 천도를 위해 열리는 의식으로, 불보살의 법력을 빌려 육
  도중생을 초도하여 천계에 오르게 하는 법회.
⑦ 바다나 육지에서 배회하는 영혼들이 다음 생으로 안착하기를
  기원하는 불교 의식.

수륙재에 대한 이상과 같은 정의는 수륙의 의미를 뚜렷하게 드러
내지 못하고, 단지 물과 뭍이라는 공간에 집착하는 인상을 주고 있다.
그 결과 수륙재가 종교적 가르침에 기반한 불교 의례로 인식되기보다,
죽은 자를 대상으로 하는 제사 의식으로 인식되고 있다.

　　그렇다면 종교 의례의 관점에서 수륙재에 대해 자세하게 살펴보
기로 하자. 수륙재에서 '수륙(水陸)'의 의미는 "모든 천선(天仙)은 흐르는
물에서 먹을 것을 취하고, 귀신은 깨끗한 땅에서 먹을 것을 취한다."[03]
는 구절에서 취해졌다. '수륙'의 의미는 수륙재에 수반되는 의례문의 명
칭인『천지명양수륙무차평등재의(天地冥陽水陸無遮平等齋儀)』와『법계
성범수륙승회수재의궤(法界聖凡水陸勝會修齋儀軌)』에서 구체적으로 드
러난다. 의례문의 명칭에 등장하는 '수륙(水陸)'과 함께 '천지(天地)', '명
양(冥陽)', '성범(聖凡)'에 대하여 하나하나 살펴보자.

　　먼저 '수륙'에 대한 구체적인 설명은『연담대사임하록(蓮潭大師林下
錄)』의「수륙법어(水陸法語)」에서 찾을 수 있다. "시방법계의 모든 불·성
문·연각·보살 등 사성(四聖)은 성인이기 때문에 청정하다. 그래서 물에
비유한다. 천도·인도·수라·방생·아귀·지옥의 육범(六凡)은 평범하기
때문에 더럽다. 그래서 육지에 비유한다."[04]고 설명하고 있다. 따라서 수
륙은 사성과 육범을 의미한다.

03　　『金園集』卷中, '施食正名', "水陸者所以 取諸仙致食於流水 鬼致食於淨地之謂也."『續
藏經』, 第五十七卷, 九五十册, p.10.

04　　『蓮潭大師林下錄』卷之四, '水陸法語', "十法界中 諸佛菩薩緣覺聲聞 此四聖 聖故淨也
喻之以水 天道人道修羅傍生餓鬼地獄 此六凡 凡故染也 喻之以陸也 此四聖六凡 同在一眞
法界中 一一天眞 一一明妙 不增不減 無高無下 故云撒眞珠也."『韓國佛教全書』第十册, 朝
鮮時代篇四, 東國大學校出版部, 1989, pp.273-274.

다음 '천지'를 살펴보자. 천지는 공간적으로 시방법계(十方法界)를 의미한다. 수륙재에서 성인은 하늘로부터 강림하고, 범부는 땅에 의지하여 모이는 모습을 보인다. 따라서 하늘은 성(聖)스러움을, 땅은 속(俗)스러움을 의미한다.

그리고 '성범'은 깨달음을 이룬 성인과 아직 미혹에 있는 범부를 말한다. 즉, 불·성문·연각·보살의 사성(四聖)과, 천도·인도·수라·방생·아귀·지옥의 육범(六凡)이다. 나아가 진제(眞諦)와 속제(俗諦)를 의미하기도 한다.

끝으로 '명양'은 사후의 세계인 명계(冥界)와 현생의 세계인 양계(陽界)를 의미한다. 명계는 명도(冥道) 혹은 명토(冥土)라고도 하며, 일반적으로는 염라왕(閻魔王)이 주재하는 죽은 뒤의 세계를 말한다. 불교에서는 지옥도를 말하기도 하는데, 때로는 지옥·아귀·축생의 삼도(三道)를 포괄하여 말하기도 한다. 수륙의문에서 '명(冥)'은 명계의 아귀(餓鬼)를 의미하며, '양(陽)'은 양계의 바라문선(婆羅門仙)을 의미한다. 더 나아가 '명양'은 죽은 자와 살아 있는 자 모두를 의미한다.

이상 '수륙', '천지', '성범', '명양' 등을 통해 수륙의 의미를 확인하였다. 이렇듯 '수륙'이 지닌 의미는 곧 의례의 대상을 표현한 것이다. 참고로 의례문에 보이는 '무차(無遮)', '평등(平等)'은 의례를 통해 구현하고자 하는 목적을 표현한 것이다. 즉, 수륙재는 시방법계에서 사생(四生)으로 육도(六道)를 윤회하는 중생을 구제하기 위해 베푸는 법식으로, 사성(四聖)과 육범(六凡)이 서로 막힘 없이 널리 융통(融通)함으로써 무차평등(無遮平等)을 구현하는 의식이다.

종교적 관점에서 수륙재는 시방법계의 사성과 육범, 살아 있는 자와 죽은 자 모두를 대상으로 공양과 법식을 베푸는 의식이다. 사회적 관점에서 수륙재는 나이와 성별, 빈부와 학력, 지역과 인종, 장애의 유무 등과 관계없이 모든 생명체가 공생(共生), 공화(共和)의 세상을 구현하는 의식이다.

3

수륙재 설행의 근본이 되는 의례문

수륙재는 중국의 양 무제(梁 武帝, 502~549)에 의해 처음 설행된 것으로 전해지고 있다.[05] 『불조통기(佛祖統紀)』[06]와 『석문정통(釋門正統)』[07]에 의하면 양 무제의 의뢰로 지공 법사(誌公法師)가 대장경을 쌓아 놓고 주야로 피람(披覽)하여 3년 만에 『수륙의문』을 완성한 것으로 전하고 있다.[08] 이후 수륙 의례문은 여러 차례의 편찬 과정을 거치며 전해지고 있다.

오늘날 중국에서는 송(宋)대 지반(志磐)이 찬술하고 명(明)대 주굉(袾宏)이 증보한 『법계성범수륙승회수재의궤』를 남수륙(南水陸) 계통으로 분류하고, 북송 시대 양악(楊鍔)이 편찬하고 금(金)대에 자기(仔夔)가 증보한 『천지명양수륙의문』을 북수륙(北水陸) 계통으로 분류하고 있

05　『佛祖統紀』卷三三, "水陸齋 梁武帝夢 神僧告之曰 六道四生 受苦無量 何不作 水陸大齋 以拔濟之 帝以問 諸沙門 無知之者 唯誌公勸帝 廣尋經論 必有因緣 帝卽遣迎大藏 積日披覽 創立儀文三年〈中略〉天監四年 二月十五日 就金山寺 依儀修設 帝親臨地席 詔祐律師 宣文." 『續修四庫全書』1287권, 上海古籍出版社, 1995, p.440.

06　『卍續藏經』第131冊, p.401下.

07　『卍續藏經』第130冊, p.802上.

08　『卍續藏經』第101冊, p.440上, 『佛祖統紀』와 『釋門正統』에서는 '誌公'으로 기록하고 있는 반면, 東川推官楊鍔의 「水陸大齋靈跡記」에서는 '志公'으로 기록하고 있다.

다.[09] 북수륙은 양악과 종색의 시대에 회하(淮河) 부근에서 유행하여 붙여진 이름이며, 남수륙은 항주(杭州) 지방을 중심으로 성행하여 붙여진 이름이다. 북수륙 계통의 의례문은 양악(楊鍔), 종색(宗賾), 자기(仔夔), 의진(依眞)으로 계승되었으며, 남수륙 계통의 의례문은 지반(志磐), 주굉(株宏), 의윤(儀潤), 법유(法裕)로 계승되었다.

　　다음은 한국 수륙재에 대하여 살펴보자. 우리나라에서 수륙재의 설행은 문헌 기록상 고려 광종 19년(968)에 설행된 것이 가장 이른 사례이다.[10] 수륙재 설행의 근간이 되는 의례문과 관련해서는 『고려사』에서 고려 선종(宣宗) 7년(1090) 태사국사(太史局事) 최사겸(崔士謙)이 송(宋)나라에서 '수륙의문(水陸儀文)'을 구해왔다는 기록이 처음이다.[11] 물론 이 기록보다 앞서서 수륙재가 설행된 사실로 볼 때, 수륙 의례문이 이미 고려에 전해졌음은 분명하다. 그러나 여기서 주목해야 할 점이 있다. 송대에 편찬된 수륙 의례문을 살펴보면 희녕(熙寧, 1068-1077) 연간에 양악(楊鍔)에 의해 『수륙의(水陸儀)』 3권이 찬술되었으며, 소성(紹聖) 3년(1096)에 종색(宗賾)에 의해 『수륙의문(水陸儀文)』 4권이 찬술되었다. 『고려사』에 기록된 '수륙의문'이 내용상 수륙재 의례문인지 책명으로서 『수륙

09　　中國佛教協會編, 『中國佛教』 第二輯, 知, 1989, p.385, "明代江浙之間 有北水陸和南水陸之分 四明所行的南宋志磐續成的 『水陸新儀』 爲南水陸 而金山舊儀 則稱爲北水陸."; 『中國佛教百科全書』 伍儀軌卷, 上海古籍出版社, 2001, p.162, "于是 金山儀文稱爲北水陸 志磐所撰稱爲南水陸."

10　　『高麗史』 卷第二, 世家 第二, 光宗 十九年 戊辰, "以僧惠居爲國師 坦文爲王師 王信讒多殺內自 懷疑欲消罪惡 廣設齋會 無賴輩詐爲出家 以求飽飯勾者坌 至或以餠餌米豆柴炭施 與京外道路不可勝數 列置放生所 就傍近寺院演佛經 禁屠殺肉膳 亦買市塵以進."

11　　『高麗史』 卷第十, 世家 第十, 宣宗 七年 壬辰, "普濟寺水陸堂火 先是嬖人攝戶部郎中 知太史局事崔士謙 入宋求得 水陸儀文."

의문』인지 명확하게 단언하기 어려우나, 북수륙 계통의 의례문이 전해진 것은 분명해 보인다. 이는 남수륙 계통의 의례문인『수륙신의(水陸新儀)』가 남송(南宋) 말년에 지반에 의해 찬술되었으며,『법계성범수륙승회수재의궤』가 명대 말년에 주굉에 의해 찬집되었다는 사실로부터 짐작할 수 있다.

　　이 땅에 수륙의문이 전해진 이후 혼구(混丘, 1251-1322)에 의해『신편수륙의문(新編水陸儀文)』2권이 찬술되었고, 나옹(懶翁, 1320-1376)에 의해『천지명양수륙재의찬요(天地冥陽水陸齋儀纂要)』1권이 찬술되었으며, 일선(一禪, 1488-1568)에 의해『자기산보문(仔夔刪補文)』이 찬술되었다고 전한다.[12] 그런데 '유원고려국조계종자씨산영원사보감국사비명(有元高麗國曹溪宗慈氏山瑩源寺寶鑑國師碑銘)'[13]에 따르면 '충혜왕 3년(1342) 죽암 유사(竹庵猶師)에 의해『천지명양수륙재의찬요』가 찬술되었다.'고 기록하고 있다.

　　이상에서 주목되는 점은『천지명양수륙재의찬요』의 찬자(撰者)가 자료에 따라 나옹과 죽암으로 차이를 보이고 있는 점이다. 그런데 조선시대에 간행되어 오늘날까지 전하는 수륙 의례문 자료 가운데『천지명

12　　『五洲衍文長箋散稿』, 經史篇, 釋典類, 釋典總說, "東國補遺, 高麗國師義天『新刊八萬大藏經』, 新羅釋元曉『三昧經疏』, 釋義湘『法界圖書雜洞記』, 圓鑑國師『語錄』, 了世『三大部節要』, 知訥『結社文』,『上堂錄』,『法語歌頌』, 高麗釋慧諶『心要』, 混丘『語錄』二卷,『歌頌雜著』二卷,『新編水陸儀文』二卷,『重編指頌事苑』三十卷. 見明『語錄』二卷,『偈頌雜著』三卷,『重編曹洞五位』二卷,『祖派圖』二卷,『大藏須知錄』三卷,『諸乘法數』七卷,『祖庭苑』三十卷,『禪門拈頌事苑』三十卷. 太古『語錄』, 圓證國師『語錄』. 普濟尊者『語錄』. 懶翁『三歌』,『天地冥陽水陸齋儀纂要』一卷. 一禪『仔夔刪補文』. 得通涵虛堂『顯正論』一部,『圓覺疏』三卷,『般若五家說誼』一卷. 義天『釋苑詞林』,『禪宗永嘉集』."

13　　『增補文獻備考』卷第246, 禮文考5, 釋迦類條;『東文選』第118卷, 有元高麗國曹溪宗慈氏山瑩源寺寶鑑國師碑銘條.

양수륙재의찬요』류에서 찬자가 나옹으로 기록된 사례는 발견되지 않고 있다. 그러나『수륙무차평등재의찬요』에 붙어 있는 발문(跋文)에서 '고려의 죽암에 의해 충혜왕(忠惠王) 3년(1342)에『천지명양수륙재의』가 편찬되었다.'는 내용이 확인되고 있다.[14]

그리고『천지명양수륙재의찬요』에 비해 간결한 형식을 보이고 있는『수륙무차평등재의촬요(水陸無遮平等齋儀撮要)』가 전한다. 찬자가 확인되지 않는 이 의례문이 조선 시대에 널리 간행, 유통되었다는 사실은 분명하다.『수륙무차평등재의촬요』는 오늘날 한국 불교 의례문의 전범으로 여겨지는『석문의범(釋門儀範)』으로 계승되고 있다.[15]

한편 지반의 의례문이 기초가 된『법계성범수륙승회수재의궤』도 조선 시대에 널리 간행되었다. 이 의례문도 중국의『법계성범수륙승회수재의궤』와는 다소 다른 모습을 보이고 있는 점으로 보아 한국에서 찬집이 이루어졌을 것으로 본다. 다만 편찬자가 누구인지는 확인되지 않고 있다.

---

14   萬曆 41년(1563) 雙峰寺刊『天地冥陽水陸齋儀纂要』의 李齊賢跋文 참조.

15   安震湖,『釋門儀範』, 卍商會, 1931, pp.240-272.

4
『수륙무차평등재의촬요』의 간행

『천지명양수륙재의찬요』는 수륙 의례문의 요점을 편집했다는 말이고, 『수륙무차평등재의촬요』는 수륙 의례문의 요점을 간추렸다는 말이다. 이 가운데 어느 의례문이 먼저 편찬되었는지는 아직까지 밝혀지지 않고 있다. 다만 일반적으로『천지명양수륙재의찬요』는 59편으로 구성되어 있으며,『수륙무차평등재의촬요』는 37편으로 구성되어 있다. 통념상 59편을 37편으로 줄였을 것으로 볼 수도 있으나, 그리 단순한 문제가 아니다. 의례문의 길고 짧음은 의례의 간소화라는 관점으로만 접근할 문제가 아니기 때문이다.

　의례문의 분량으로 볼 때『천지명양수륙재의찬요』는 설행에 있어 많은 시간을 필요로 한다. 반면에『수륙무차평등재의촬요』는『천지명양수륙재의찬요』에 비하여 설행 시간이 크게 단축된다. 의례의 설행 시간은 재의 규모와 밀접한 관계를 갖는다. 그렇다면 재의 규모에 따른 적절한 의례문의 요구가 두 의례문의 편찬 배경이라고 볼 수 있다. 이렇듯 활용성의 관점에서 볼 때 두 의례문은 처음부터 편찬 배경이 달랐던 것이다.

　재의 규모와 설행 시간의 관점에서 본다면 조선 시대에는『수륙무차평등재의촬요』로 설행되는 수륙재가 민중에게 더 친숙한 모습이었을 가능성이 있다. 그렇다면 한국 수륙재의 특징을 밝히는 데 있어『수륙무차평등재의촬요』에 대한 이해는 매우 중요한 문제가 된다.

따라서 본고에서는『수륙무차평등재의촬요』를 중심으로 의례문의 구조와 내용을 살펴보고자 한다. 지금까지 전해지는『수륙무차평등재의촬요』가운데 간행 시기가 가장 이른 것은 1448년에 평안남도 순안 법흥사에서 간행된 것이다.『수륙무차평등재의촬요』는 15세기부터 17세기에 걸쳐 [표-1]과 같이 40여 차례가 넘게 간행되었다. 이러한 간행 빈도는『천지명양수륙재의찬요』나『법계성범수륙승회수재의궤』의 간행 빈도보다 더 높은 것으로 평가된다. 이를 통해『수륙무차평등재의촬요』가 널리 유통된 의례문이며, 한국 수륙재의 특징을 밝히는 자료로서 충분한 요건을 갖추고 있음을 알 수 있다.

[표-1]『수륙무차평등재의촬요』의 간행 현황

번호	연도	간행사	간기	비고
1	1448	(평안도) 순안 법흥사	弘治元年丙辰六月日順安地法弘山法興寺開板	
2	1469	(?) 견성사	見性寺開板	
3	1488	평안도 법흥사	平安道法興寺	
4	1490	(황해도) 서흥 자비령사	弘治三年庚戌七月日瑞興地慈悲山慈悲嶺寺開板	
5	1498	충청도 홍산 무량사	弘治十一年戊午仲冬日忠淸道鴻山地萬壽山無量寺留板	
6	1514	전라도 순천 대광사	전라도 순천 大光寺 개간	

번호	연도	간행사	간기	비고
7	1515	경상도 청도 운문사	正德十年乙亥十二月日慶尙道清道地虎踞山雲門寺開板	
8	1533	전라도 고창 문수사	嘉靖十二年癸巳十月日全羅道高敞文殊寺重刊	
9	1535	경상도 영천 공산본사	嘉靖十四年乙未三月日慶尙道永川地公山本寺開板	
10	1538	경상도 안동 광흥사	嘉靖十七年戊戌七月日慶尙道安東地下柯山廣興寺開板	
11	1542	강원도 춘천 문수사	강원도 춘천 文殊寺 개간	
12	1559	황해도 토산 석두사	嘉靖三十八年己未八月日黃海道兎山地鶴鳳山石頭寺留板	
13	1561	평안도 상원 심곡사	평안도 祥原 深谷寺 개간	
14	1566	청홍도(충청도) 서산 보원사	嘉靖四十五年丙寅五月日清洪道瑞山地伽耶山普院寺留板	
15	1568	경상도 상주 보문사	경상도 상주 보문사 개간	
16	1569	함경도 문천 영덕사	함경도 문천 영덕사 개간	
17	1571	전라도 강진 무위사	陸慶五年辛未三月日全羅道康津月出山無爲寺開板	
18	1573	경상도 풍기 비로사	경상도 풍기 비로사 중간	
19	1573	충청도 충주 덕주사	萬曆元年癸酉仲夏忠淸道忠州地月岳山德周寺開板	
20	1574	충청도 은진 쌍계사	萬曆二年甲戌中春日忠淸道恩津地佛明山雙溪寺開板	
21	1574	전라도 순천 송광사	萬曆二年甲戌五月日全羅道順天地曹溪山松廣寺開板	

번호	연도	간행사	간기	비고
22	1574	전라도 무안 법천사	萬曆二年甲戌元月日全羅道務安地僧達山法泉寺重刊	
23	1581	경기도 용인 서봉사	萬曆九年辛巳初秋日京畿龍仁地光敎山瑞峯寺留置	
24	1604	경상도 진주 능인암	萬曆三十二甲辰七月日慶尙道晋州地智異山能仁庵開板	
25	1622	공홍도(충청도) 공주 갑사	天啓二年壬戌十二月日公洪道公主地溪龍山岬寺開板	
26	1631	경상도 청도 수암사	崇禎四年辛未六月日慶尙道淸道土九龍山水岩寺開刊	
27	1634	전라도 해남 대흥사	崇禎七年甲戌仲夏日全羅道海南 …… 大興寺開板	
28	1635	전라도 태인 용장사	崇禎八年乙亥四月日全羅道泰仁地雲住山龍藏寺開刊	
29	1635	(전라도 순천) 송광사	崇禎十一年乙亥仲秋日曹溪山松廣寺開刊[16]	
30	1636	경기도 양주 회룡사	崇禎九年丙子五月日京畿楊州道峯山回龍寺開刊	
31	1638	전라도 남원 감로사	崇禎十一年戊寅十二月日全羅道南原府智異山甘露寺開刊	
32	1641	경상도 합천 해인사	辛巳年六月日慶尙道俠川地伽倻山海印寺開板[17]	

16　간기의 '崇禎十一年'은 서력 1638년으로 무인년에 해당한다. 그러나 간기에 기록된 乙亥년은 1635년에 해당한다. 을해년 표기에 무게를 두어 1635년으로 추정한다.

17　『수륙무차평등재의촬요』와 『천지명양수륙재의찬요』의 합본으로 두 종의 간기가 있다. 전편(前篇)인 『천지명양수륙재의찬요』의 간기(刊記)는 '崇禎八年乙亥(1635) …… 龍藏寺開刊', 후편(後篇)인 『수륙무차평등재의촬요』의 간기(刊記)는 '辛巳年(1641) …… 海印寺開板'으로 되어 있다.

번호	연도	간행사	간기	비고
33	1642	전라도 나주 (용진사)	崇禎十五年壬午三月日全羅道 羅州湧	
34	1648	(경상도) 양산 통도사	順治五年戊子五月日梁山通度 寺模刊	
35	1651	전라도 보성 개흥사	順治八年辛卯二月日全羅道寶 城郡地五峯山開興寺刊	
36	1659	경상도 곤양 서봉사	順治十六年己亥夏四月日慶尙 道昆陽郡地鳳鳴山栖鳳寺留板	
37	1660	경상도 양산 흥국사	順治十七年庚子仲夏日靈鷲山 興國寺開刊	목판
38	1661	강원도 양양 신흥사	順治十八年辛丑四月日江原道 襄陽雪嶽山神興寺開刊	
39	1663	(전라도) 순천 정혜사	康熙二年癸卯八月日順川地雞 足山定惠寺開板	
40	1673	경기도 양주 (남양주) 불암사	경기도 양주 불암사 개간	
41	1675	경상도 창원 화장사	康熙十四年乙未四月日慶尙道 昌原府青龍山地華藏寺開刊	
42	1688	평안도 영변 보현사	평안도 영변 보현사 개간	
43	1694	경상도 합천 해인사	경상도 해인사 개간	

『천지명양수륙재의찬요』류가 대체로 59편으로 구성되어 있는 것과 달리,『수륙무차평등재의촬요』류는 설회인유편(設會因由篇)을 시작으로 봉송육도편(奉送六道篇)까지 총 37편으로 구성되어 있다. 그 구체적인 내용은 [표-2]와 같다. 그리고 부록으로 문방, 단방, 욕실방, 간경방 등 방문(榜文)과 소청사자소, 오로소, 상위소, 중위소, 하위소, 원만회향소 등 소문(疏文), 그리고 행첩의 첩문(牒文), 마지막으로 소문을 넣는 봉투의 겉면에 표기하는 양식인 제소피봉(諸疏皮封)이 수록되어 있다.

[표-2] 『찰요』의 구성내용

본문		부록
設會因由篇第一	加持化衣篇第二十	門榜
嚴淨八方篇第二	出浴參聖篇第二十一	檀榜
發菩提心篇第三	加持禮聖篇第二十二	浴室榜
呪香通序篇第四	受位安坐篇第二十三	看經榜
呪香供養篇第五	加持變供篇第二十四	召請使者疏
召請使者篇第六	宣揚聖號篇第二十五	五路疏
安位供養篇第七	說示因緣篇第二十六	上位疏
奉送使者篇第八	宣密加持篇第二十七	中位疏
開闢五方篇第九	呪食現功篇第二十八	下位疏
安位供養篇第十	孤魂受饗篇第二十九	圓滿廻向疏
召請上位篇第十一	懺除業障篇第三十	行牒
獻座安位篇第十二	發四弘誓篇第三十一	諸疏皮封
普禮三寶篇第十三	捨邪歸正篇第三十二	
召請中位篇第十四	釋相護持篇第三十三	
天仙禮聖篇第十五	修行六度篇第三十四	
獻座安位篇第十六	觀行偈讚篇第三十五	
召請下位篇第十七	廻向偈讚篇第三十六	
引詣香浴篇第十八	奉送六道篇第三十七	
加持澡浴篇第十九		

Ⅱ

—

수륙무차평등재의 촬요

水陸無遮平等齋儀撮要

1
설회인유편
(設會因由篇第一)

수륙무차평등재회를 설행하게 된 인연을 밝히는 편

夫 無遮齋者 尋乎本願 究乎歸趣 釋師子最初垂敎 梁慧式追後創
儀 可謂 千古規模 萬靈庇廕
於此可以行菩薩道 於此可以見如來心 論其施則備乎三壇 詳其理
則該乎六度
故致梁皇感夢 秦[18]主求哀 其爲大事因緣 實是無邊功德
于夜 卽有大檀信 某甲 [伏爲某事] 發廣大願 興平等慈 依遵水陸
之殊科 啓建冥陽之勝會
伏願 十方諸聖 三界群眞 俯賜加持 悉令圓滿

무릇 수륙무차평등대재는 본원(本願)을 찾는 것이고, 돌아갈 곳을 궁구
(窮究)하는 의식입니다. 석가모니 부처님께서 최초로 가르침을 주셨으
며, 양(梁)나라 때 혜식(慧式)에 따라 의식이 만들어졌으니, 참으로 천고

18　갑사판본 榮, 덕주사판본 桼, 무량사판본 秦

의 규범으로 모든 영혼이 이 법에 의지하게 되었습니다.

이 의식으로 보살도를 행할 수 있고, 이 의식으로 여래의 마음을 볼 수 있습니다. 재회를 설행하는 법식을 헤아리면 삼단(三壇)을 갖추는 것이고, 이 법식의 이치를 자세히 살펴보면 육바라밀을 수행하는 것입니다. 옛날 양나라 황제가 꾼 꿈에 감응을 한 일과 진(秦)나라 임금이 어머니를 구제한 일이 대사(大事)의 인연이 되었으니, 실로 그 공덕은 한량이 없습니다.

오늘 밤 크게 보시바라밀을 수행하는 모인(某人)이 [무슨 일을(某事) 위해 엎드려] 넓고 큰 원을 발하여 무차평등한 자비를 일으켜 수륙의 특수한 법규에 따라 죽은 자와 살아 있는 자가 함께하는 수승한 법회를 열고자 하옵니다.

시방세계의 여러 성인과 삼계(三界)의 여러 성인이시여! 부디 가피를 내려 주시어 모든 의식이 원만하게 이루어질 수 있도록 도와주시기를 엎드려 바라옵니다.

정삼업진언

(淨三業眞言)

[印法 二手虛心合掌 如來開蓮花形]

[수인 작법 : 두 손의 가운데는 비우고 합장한다. 손바닥 모양은 연꽃이 피기 전의 모양으로 만든다.]

「옴 사바바바 수다살바 달마 사바바바 수도 함」

계도도장진언
(戒度塗掌眞言)

[以右名指 捏取香水 塗摩二手]

[수인 작법 : 오른손 무명지로 향수를 묻혀 두 손에 바른다.]

「옴 아모가 자라미망기 소로소로 사바하」

삼매야계진언
(三昧耶戒眞言)

[印法 二手金剛縛 忍願伸如針 誦七徧已 頂上散之]

[수인 작법 : 두 손은 금강권의 상태에서 오른손의 중지(인욕바라밀)와 왼손의 중지(원바라밀)를 바늘처럼 펴고, 진언을 일곱 번 염송한 후 머리 위에서 수인을 풀어 흩뜨린다.]

「옴 삼매야 따밤」

[金剛頂經云 若誦此呪一遍 如入壇輪證三摩提 一切善法 皆悉滿
定 三聚淨戒 俱時圓滿 一切壇法 未經師受 誦呪七遍 卽許行作 不
成盜法 密敎中以十度表十指 施爲右小指 慧爲左小指 皆自小指而
至大指也]

[『금강정경(金剛頂經)』에 이르기를, 만약 이 주문을 한 번 염송하면, 마
치 단에 들어 삼매를 윤증(輪證)하는 것과 같아, 일체 선법을 모두 다 원
만하게 닦으니, 삼취정계[19]가 언제나 원만하다. 일체의 설단(設壇)과 법
식(法式)을 스승에게 전수받지 않았더라도, 이 주문을 일곱 번 염송하면
바로 행위의 영향이 일어나니, 법식이 헛되지 않게 된다. 밀교에서는 십
바라밀을 열 손가락으로 표시하는데, '시(施)'는 오른손 새끼손가락이고
'혜(慧)'는 왼손의 새끼손가락이며, 새끼손가락에서 엄지손가락까지로
표시한다.]

19　대승보살계의 섭율의계(攝律儀戒)·섭선법계(攝善法戒)·섭중생계(攝衆生戒)를 말한다.

2
엄정팔방편
(嚴淨八方篇第二)

수륙도량을 청정하게 장엄하는 편

詳夫 聖壇旣啓 佛事方陳 將法水以加持 洒[20]道場而淸淨 盪諸穢汙
祛衆魔邪 凡隨禱而感通 在所求而成就
下有洒淨護魔陀羅尼 謹當宣念

자세히 살펴보니, 성스러운 단(壇)은 이미 열리었으며, 불사(佛事)를 바
야흐로 펼치려 하옵니다. 마땅히 법수로써 가지하여 도량에 뿌려 청정
하게 하고, 모든 더러움을 깨끗이 씻어 내어 삿된 마귀의 무리를 물리
쳐야 합니다. 무릇 기도에 따라 감통이 있고, 구함에 따라 성취가 있습
니다.
대중은 아래에 쇄정호마다라니가 있으니 삼가 염송하시기 바랍니다.

---

20   갑사판본 灑.

쇄정호마다라니
(灑淨護魔陀羅尼)

[從東北起 右旋遍洒]

[법수를 뿌릴 때 동북방에서 시작하여 오른쪽으로 두루 돌면서 뿌린다.]

「나모 사만다 못다남 옴 호로호로 디따디따 반다반다 아나하나 아니뎨 훔 바닥」

개단진언
(開壇眞言)

[印法 先結二金剛拳並 之次以進力度仰相柱 施惠度牙相鉤 以進
力度發開壇門]

[수인 작법 : 먼저 두 손은 금강권을 맺어 나란히 한다. 다음으로 오른손
검지(정진바라밀)와 왼손의 검지(역바라밀)를 위로 해서 세운다. 오른손의
소지(보시바라밀)와 왼손의 소지(혜바라밀)는 어금니가 서로 갈고랑이 걸
듯 하고, 오른손의 검지(정진바라밀)와 왼손의 검지(역바라밀)로 단의 문을
연다.]

「옴 바아라 뇨로다가다야 삼마야 바라베사야 훔」

건단진언

(建壇眞言)

[印法 二手各作金剛拳 進力檀慧相鉤 以卽置身前 卽遍虛空界 成大曼拏羅]

[수인 작법 : 두 손은 각각 금강권을 짓는다. 오른손의 검지(정진바라밀)와 왼손의 검지(역바라밀), 오른손의 소지(보시바라밀)와 왼손의 소지(혜바라밀)는 서로 갈고리를 건다. 이 인을 몸 앞에 두고 허공계에 두루 하여 대만다라를 이룬다.]

「옴 난다난다 나지 나지 난다바리 사바하」

결계진언
(結界眞言)

[印法 二手四指相鉤 以右鉤左卽 以二大指 各捻無名指 甲上]

[수인 작법 : 두 손의 네 손가락을 서로 거는데, 오른손으로 왼손을 갈고
랑이처럼 걸고, 두 엄지는 무명지 손톱 위를 쥔다.]

「옴 마니미아예 다라다라 훔훔 사바하」

3
발보리심편
(發菩提心篇第三)

보리심을 발하는 편

弟子某等 依大乘經 甚深妙義

歸依佛
歸依法
歸依僧 [三說]

我今發心 不爲自求 人天福報 緣覺聲聞 乃至權乘諸位菩薩 唯依
最上乘 發菩提心 願與法界衆生 一時同得 阿耨多羅三藐三菩提

제자 아무개는 대승경전의 무상심심(無上甚深)한 미묘한 뜻에 의지하여,

불보님께 귀의합니다.
법보님께 귀의합니다.
승보님께 귀의합니다. [세 번 한다.]

제가 지금 발심한 것은 내 스스로 인간과 하늘의 복을 구하려 하거나, 성문·연각 내지 방편으로 나투시는 보살의 지위를 구하려 함이 아니옵니다. 오직 최상승에 의지하고자 보리심을 내는 것이오니, 법계의 중생과 더불어 일시에 아뇩다라삼먁삼보리 얻어지기를 원하옵니다.

발보리심진언
(發菩提心眞言)

[印法 二手十指外相叉 右押左以指 頭着掌背]

[수인 작법 : 두 손의 열 손가락을 밖으로 서로 깍지 끼고, 오른손으로
왼손을 누른다. 손가락 끝은 손등에 붙인다.]

「옴 모디지다 못다 바나야미」

4

주향통서편
(呪香通序篇第四)

향을 살라 소통을 기원하는 편

切以 百和氤氲 六銖馥郁 纔熱一爐之上 普薰諸刹之中 結瑞靄以
爲臺 聚祥煙而作盖 爲雲爲雨 興福興祥 十方諸聖無不聞 三有衆
生無不度
今者焚香 有陀羅尼 謹當宣念 願令普薰 篇周沙界

가만히 생각해 보니, 이 향은 백화(百和)의 기운이 가득하고 육수(六銖)
의 향기가 그윽합니다. 향로 위에 잠깐 사르면 여러 부처님 나라에 널
리 그 향훈이 퍼져, 상서로운 기운을 묶어 대(臺)를 만들고 상서로운 연
기를 모아 덮개를 만들어, 구름이 되고 비가 되어 복을 일으키고 길상을
일으킵니다. 이 향을 사르면 시방세계의 모든 성현께서 청하는 소리를
듣지 못함이 없게 되어, 삼계의 모든 중생이 제도되지 않음이 없습니다.
이제 향을 사르는 데 쓰이는 다라니가 있어 삼가 염송하오니, 원컨대 이
향훈이 온 세상에 두루두루 퍼지게 하옵소서.

분향진언

(焚香眞言)

[印法 二手作金剛縛已 覆二羽掌下按之]

[수인 작법 : 두 손은 금강권을 지어 서로 맞대고 나서, 두 손의 손바닥
아래를 덮듯이 당긴다.]

「옴 도바시켸 구로 바아리니 사바하」

5
주향공양편
(呪香供養篇第五)

향을 살라 공양을 기원하는 편

戒香 定香 慧香 解脫香 解脫知見香 光明雲臺 周徧法界

供養十方無量佛
供養十方無量法
供養十方無量僧
又復 供養十方無量眞宰 三界一切萬靈
伏願 見聞普薰證常樂 法界衆生亦如是
摩訶般若波羅密

[開啓已畢 次伸召請]

계향·정향·혜향·해탈향·해탈지견향의 광명의 구름이 법계에 두루 퍼져 가득하게 하여,

시방세계의 무량한 불보님께 공양합니다.

시방세계의 무량한 법보님께 공양합니다.

시방세계의 무량한 승보님께 공양합니다.

그리고 다시 시방세계의 무량한 호법선신과 삼계의 모든 혼령(魂靈)께 공양하옵니다.

엎드려 바라옵건대, 오분법신의 향훈이 가득하여야 영원한 행복을 증득할 수 있음을 알아차려, 온 법계의 중생도 영원한 행복을 증득하게 하여 주시기 바라옵니다.

마하반야바라밀.

[개계(開啓)가 이미 끝났으니, 다음으로 소청(召請)을 펼친다.]

6
소청사자편
(召請使者篇第六)

사직사자를 청하는 편

[門外設座 備五供及 錢馬之儀]

以此振鈴伸召請 四直使者願遙知
願承三寶力加持 今夜今時來赴會

[문밖에 좌(座)를 설치하고 오공양과 전마(錢馬)²¹를 준비한다.]

이렇게 요령 울려 널리 청하오니
사직사자(四直使者)께서는 멀리서도 아시고
원컨대 삼보자존의 위신력으로 가지(加持)하여
오늘 밤 이 시간 이 재회에 내려오소서.

---

21   종이로 만든 돈과 말 그림.

소청사자진언

(召請使者眞言)

[印法 二手合掌 虛掌內如來開蓮花]

[수인 작법 : 두 손은 합장하고 손바닥 안은 연꽃이 아직 피지 않은 것처럼 한다.]

「옴 보보리 가다리 리다 가다야 사바하」

切以 無功曰道 不測曰神 凡開衆善之門 須仗五通²²之力

恭惟 四直使者 神功浩浩 聖德巍巍 執天上之符書 作人間之捷使

威靈可畏 正直難欺 雖不示於聲容 必昭彰於感應

于夜 卽有大檀信 某甲 [伏爲某事] 恭依聖敎 謹啓香壇 備珎羞供

養之儀 伸道場請迎之禮

伏願 上遵佛勅 下應人心 乘雲馭以四來 赴法筵而一會

前伸讚語 次展請詞 謹秉一心 先陳三請

一心奉請 今年今月 今日今時 奉敎靈聰 持符使者

唯願承三寶力 降臨道場

[衆和]

香花請

가만히 생각해 보니, 공(功)이 없음을 도(道)라 하고, 측량할 수 없음을
신(神)이라 합니다. 무릇 온갖 선법(善法)의 문을 열고자 하면 반드시 다
섯 가지 신통력에 의지해야 합니다.

삼가 생각해 보니, 사직사자의 영묘한 공(功)은 넓고 넓으며, 성스러운
덕(德)은 높고 높아, 천상의 부서(符書)를 지니고 인간 세계의 첩사(捷使)
가 되셨습니다. 신령스러운 위신력은 경외스럽고 거짓이나 숨김이 없
으시니 속이기 어렵습니다. 비록 음성과 용모는 보이지 않으나 반드시
분명하게 감응하십니다.

이 밤 크게 보시바라밀을 수행하는 모인(某人)이 [엎드려 어떤 일을 위

---

22 천안통(天眼通)·천이통(天耳通)·숙명통(宿命通)·타심통(他心通)·신족통(神足通)을 말한다.

해] 공손히 성인의 가르침에 의지하여 삼가 향단을 열고, 진기한 음식으로 공양 의식을 갖추어 사자님들을 청하는 예식을 펼치옵니다.

엎드려 원하옵건대, 위로는 부처님의 말씀을 따르고 아래로는 중생의 마음에 응하시어, 구름 수레를 타시고 천계(天界)·공계(空界)·지계(地界)·염마계(閻魔界)로부터 나오시어 법연(法筵)에 잠시 참석하여 주시기를 바라옵니다.

먼저 찬사를 드렸으니 다음은 청사(請詞)를 드리겠습니다. 삼가 일심으로 삼청(三請)을 펼치옵니다.

일심으로 받들어 청하옵니다.

금년 금월 금일 금시, 신령하고 총명하시어 교법(敎法)을 받들어 부절을 지니신 사자(使者)님이시여!

오직 바라옵건대, 삼보자존의 위신력에 의지하여 이 도량에 강림하여 주시옵소서.

[대중은 화음을 맞추어]

꽃과 향으로 청하옵니다.

7
안위공양편
(安位供養篇第七)

사자를 편안하게 모시고 공양하는 편

盖聞 威神莫測 聖力難思 聞請命而 高馭雲車 仗加持而 光臨法會
如是使者 已届道場 大衆虔誠 諷經安坐

[諷 心經安坐 伸 五供養後 宣牒]

이렇게 들었습니다.

위신력을 측량할 수 없고 성스러운 힘은 헤아리기도 어려운 사자님들
께서 청하는 말씀을 들으시고 구름 수레를 높이 몰아 삼보자존의 가지
력(加持力)에 의지하여 이 법회에 광림하셨다고 들었습니다.

이와 같이 사자님들께서는 이미 이 도량에 이르셨습니다. 대중들은 삼
가 정성을 다해 사자님들께서 자리에 편안하게 앉으실 수 있도록 경전
을 염송하시기 바랍니다.

[『반야심경』을 염송하며 안좌하고, 오공양을 펼친 후에 문첩을 읽는
다.]

8

봉송사자편
(奉送使者篇第八)

사자를 배웅하여 보내는 편

上來文牒 宣讀已周 神德無私 諒垂洞鑑 玆者 旣蒙靈享 更請從容
文牒 幸謝於賚持雲程[23] 願希於馳赴
故吾佛如來 有奉送陀羅尼 用助威神 謹當宣念

문첩은 앞에서 이미 자세히 읽었습니다. 사자님의 신령스러운 공덕은
사사로움이 없으시니, 꿰뚫어 살펴보시리라 생각합니다. 이제 영험한
공양을 받으셨으니 다시 문첩대로 따르실 것을 청하옵니다. 송구하오
나 첩문을 지니시고 구름길에 오르시기 바라옵니다.
우리 부처님 여래께는 봉송다라니가 있습니다. 위신력(威神力)을 도와
야 하오니, 대중은 삼가 염송하시기 바랍니다.

---

23   무량사판본 賚.

봉송진언

(奉送眞言)

[印法 二手作金剛拳 進力相鉤]

[수인 작법 : 두 손은 금강권을 쥔 상태에서 오른손의 검지(정진바라밀)와 왼손의 검지(역바라밀)를 갈고리처럼 건다.]

「옴 바아라 사다 목차 목」

9
개벽오방편
(開闢五方篇第九)

오방의 오제를 청하는 편

[當 庭中設祭所 修疏迎請]

以此振鈴伸召請 五方五帝願遙知
願承三寶力加持 今夜今時來赴會

[마당 중앙에 단을 설치하고 소를 읽으며 청하여 맞이한다.]

이렇게 요령 울려 청하오니
오방의 오제께서는 멀리서도 아시고
원컨대 삼보님의 위신력으로 가지(加持)하여
오늘 밤 이 시간 이 재회에 내려오소서.

보소청진언

(普召請眞言)

「나모 보보데리 가리다리 다타 아다야」

盖聞 二氣昇沉 爰分六合 四維上下 乃備五方 旣彊界之互分 有神
祇²⁴而各主

是夜 卽有大檀信 某甲 [伏爲某人] 捨有限財 建無遮會 若不開於
五路 恐難集於萬靈 由是 謹具香燈 先伸供養

切以 人天地獄 鬼畜修羅 未登聖位之流 豈有威神之力 經歷分野
慮有障違 所以先告於五方 然後普申於三請

惟願 五方地主 五位神祇 大開方便之門 共濟沉淪之苦

將伸召請 願赴齋筵 謹秉一心 先陳三請

一心奉請 五方五帝 五位神祇等衆 各幷眷屬

惟願承三寶力 降臨道場

[衆和]

香花請

이렇게 들었습니다.

음양(陰陽)의 두 기운이 오르고 내려 이에 육합(六合)으로 나누어졌고,
사유(四維)와 상하로 오방이 갖추어졌으며, 처음에 강토의 경계가 서로
나누어지자 하늘과 땅의 신령스러운 영기(靈祇)께서 각기 주재(主宰)하
였다 들었습니다.

이 밤 크게 보시바라밀을 수행하는 아무개는 [엎드려 모인을 위해] 유
한한 재물을 희사하여 무차평등재회를 열고자 합니다. 만일 다섯 방위
의 오로(五路)를 열지 않으면 온갖 신령이 모이기 어렵지 않을까 염려되

옵니다. 이런 까닭에 삼가 향과 등불을 갖추고 먼저 오방의 오제(五帝)께 공양을 펼치려 하옵니다.

가만히 생각해 보니, 인간·천상·지옥·아귀·축생·수라(修羅) 등 아직 성인의 지위에 오르지 못한 무리들이니 무슨 위신력(威神力)이 있겠습니까? 지나는 곳마다 장애나 어긋남이 있을까 염려되옵니다. 이러한 까닭에 먼저 오방의 오제께 아뢰기 위하여 이제 널리 삼청(三請)을 펼치겠습니다.

오직 원하옵건대, 오방의 주인이신 다섯 분의 신기(神祇)시여, 크게 방편의 문을 열어 주시어 고해에 빠져 있는 중생을 모두 구제할 수 있도록 도와주시기를 바라옵니다.

이제 소청을 펼치오니 오제께서는 이 재회의 법연에 이르시기를 바라옵니다. 삼가 일심으로 삼청(三請)을 펼치옵니다.

일심으로 받들어 청하옵니다.

오방의 오제와 오위의 신기님들과 각각 그 권속들이시여!

오직 바라옵건대, 삼보자존의 위신력에 의지하여 이 도량에 강림하여 주시옵소서.

[대중은 화음을 맞추어]

꽃과 향으로 청하옵니다.

10

안위공양편
(安位供養篇第十)

오제를 편안하게 모시고 공양하는 편

切以 信心有感 精誠必應於神聰 慧鑑無私 部馭已臨於勝會
如是聖馭 已降道場 大衆虔誠 諷經安坐

[誦 大悲呪安坐 伸五供養後 加持開通道路一七徧]

가만히 생각해 보니, 신심에 감응하시며 정성에 반드시 신총으로 응답
하시는 오제님께서는 지혜로 살피심에 사사로움이 없으시니 구름 수
레를 몰아 이미 수승한 무차평등재회에 강림하셨습니다.
이와 같이 오제께서는 이 도량에 이미 강림하셨습니다. 대중들은 삼가
정성을 다해 오제께서 자리에 편안하게 앉으실 수 있도록 경전을 염송
하시기 바랍니다.

[대비주를 염송하고 안좌게 안좌진언을 한 다음 오공양을 펼친다. 이어
개통도로진언 일곱 편으로 가지(加持)하여 오방을 연다.]

개통도로진언
(開通道路眞言)

「옴 소시디 가리 아바리다 모리다에 하나하나 훔 바닥」

11

소청상위편
(召請上位篇第十一)

상위의 삼보자존을 청하는 편

[次詣佛殿²⁵]

以此振鈴伸召請 十方佛刹普聞知
願此鈴聲徧法界 無邊佛聖咸來集

[불전(佛殿)에 나아간다.]

이렇게 요령 울려 청하오니
시방세계의 부처님 나라에서는 널리 듣고 아시리니,
요령 소리 법계에 두루 하면
한없이 많은 부처님과 성인들께서는 강림하여 주옵소서.

25   갑사판본 건성사판본 舉佛後 宣請疏 舉佛如常.

불부소청진언

(佛部召請眞言)

[印法 二手右押左內相叉作拳 二大指曲如鉤向身招之]

[수인 작법 : 두 손의 오른손으로 왼손 안을 누르며 서로 깍지 끼고 주먹
을 쥔다. 두 엄지는 갈고랑이처럼 굽혀 몸을 향하고 상위의 성현들을 초
청한다.]

「나모 삼만다 몯다남 옴 이나이가 예혜혜 사바하」

연화부소청진언

(蓮華部召請眞言)

[印法 二手右押左內相叉作拳 左大指屈入掌 右大指曲如鉤 向身
招之]

[수인 작법 : 두 손의 오른손으로 왼손 안을 누르며 서로 깍지 끼고 주먹
을 쥔다. 왼손의 엄지를 손바닥 안으로 굽혀 넣고, 오른손의 엄지는 갈
고랑이처럼 굽혀 몸을 향하고 상위의 성현들을 초청한다.]

「나모 사만다 몯다남 옴 아로륵가 예혜혜 사바하」

금강부소청진언
(金剛部召請眞言)

[印法 二手右押左內相叉作拳 右大指屈入掌 左大指曲如鉤 向身招之]

[수인 작법 : 두 손의 오른손으로 왼손의 안을 누르며 서로 깍지를 끼고 주먹을 쥔다. 오른손 엄지를 손바닥 안으로 굽혀 넣고, 왼손의 엄지는 갈고랑이처럼 굽혀 몸을 향하여 상위의 성현을 초청한다.]

「나모 사만다 몯다남 옴 바아라다륵가 예혜혜 사바하」

盖聞 三身四智 圓明十号之尊

八藏[26]

五乘 微妙一眞之教 悲增智增之菩薩 有學無學之應眞

歸依者福聚河沙 見聞者罪消塵劫 有求皆應 同萬卉之春風 無願不

從 若千江之秋月

今則 梵音震地 法樂掀天 食陳香積之珍羞 果獻仙源之異味

伏願 他心遠鑑 慧眼遙觀 運無緣之大慈 愍有情之微懇 不違本誓

咸降香筵 謹秉一心 先陳三請

一心奉請 塵塵刹刹 十方三世 三佛圓融 十身[27]無礙 一切常住 眞

如佛寶

三大斯融 十玄[28]具足 一切常住 甚深法寶

三明已證 二利圓成 一切常住 清淨僧寶

如是三寶 無量無邊 一一周徧 一一塵刹

願垂慈悲 光臨法會 恭請證明 普同供養

[衆和]

香花請

26　1. 경장(經藏) : 아나함경(四阿含經). 2. 율장(律藏) : 사분율(四分律)과 십송율(十誦律). 3. 논장(論藏) : 아비달마론(阿毘達磨論). 4. 주장(呪藏) : 일체 다라니(一切陀羅尼). 5. 경장 : 묘법연화경(妙法蓮華經)과 대방광불화엄경(大方廣佛華嚴經). 6. 율장 : 보살선계경(菩薩善戒經)과 범망계경(梵網戒經). 7. 논장 : 대지도론(大智度論)과 십지경(十地經). 8. 주장 : 능엄주(楞嚴呪)와 대비주(大悲呪).

27　중생신(衆生身) · 국토신(國土身) · 업보신(業報身) · 성문신(聲聞身) · 독각신(獨覺身) · 보살신(菩薩身) · 여래신(如來身) · 지신(智身) · 법신(法身) · 허공신(虛空身) 등 십종신(十種身)의 불신(佛身).

28　화엄종(華嚴宗)에서 온갖 법이 서로 일정한 관계를 가지고 하나가 됨을 열 가지로 나누어 설명하는 법문.

이렇게 들었습니다.

대원경지(大圓鏡智)·평등성지(平等性智)·묘관찰지(妙觀察智)·성소작지(成所作智)가 원명(圓明)하시어 십호(十号)를 구족하신 법신·보신·화신의 부처님!

경장(經藏)·율장(律藏)·논장(論藏)·주장(呪藏) 등 모든 가르침!

위로는 깨달음을 구하고 아래로는 중생을 교화하시는 불승(佛乘)·보살승(菩薩乘)·연각승(緣覺乘)·성문승(聲聞乘)·소승(小乘), 법계에서 가르침을 미묘하게 펼치시는 비증(悲增)보살님과 지증(智增)보살님, 유학·무학의 아라한님!

이상과 같은 삼보자존께 귀의하면 그 복이 항하사처럼 모이고, 삼보자존을 아는 것만으로도 진겁의 죄가 소멸된다고 들었습니다. 그리고 삼보자존께서는 구(求)하는 이마다 모두 응(應)하심이 마치 온갖 종류의 풀에 부는 봄바람같이 균일하게 응하시고, 원(願)하는 이에게 따르지 않음이 없는 것은 마치 모든 강물에 가을 달이 비치는 것과 같이 따른다고 들었습니다.

이제 범음(梵音)은 천둥 치듯 땅을 흔들고, 법악(法樂)은 하늘 높이 울리며, 음식은 향적세계의 진수(珍羞)로 진설하고, 과일은 신선세계의 진미(珍味)로 올리옵니다.

엎드려 바라옵건대, 타심통으로 널리 살피시고 혜안으로 멀리까지 관찰하시어 인연 없는 중생까지도 대자비를 운용하시고, 저희 유정(有情)의 소박한 정성을 어여삐 여기시어 본래 서원 피하지 마시고, 다 함께 이 향연에 강림하여 주시기를 바라옵니다. 삼가 일심으로 삼청(三請)을 펼치옵니다.

일심으로 받들어 청하옵니다.

시방삼세의 헤아릴 수 없이 많은 곳곳마다 법신·보신·화신이 원융하여 열 가지 몸으로 걸림 없이 모든 곳에 항상 머무시는 진여 불보님이시여!

진여의 체대(體大)와 현상의 상대(相大)와 작용의 용대(用大)가 원융하여 법계연기를 구족하고 모든 곳에 항상 머무시는 무상심심(無上甚深)한 법보님이시여!

숙명통(宿命通)·천안통(天眼通)·누진통(漏盡通)을 이미 얻으시고 자리(自利)와 이타(利他)를 원만히 성취하시어 모든 곳에 항상 머무시는 청정한 승보님이시여!

이와 같은 티끌처럼 많은 나라 하나하나마다 두루 하시어 헤아릴 수 없고 그 끝을 알 수도 없는 삼보자존을 청하옵니다.

원하옵건대, 자비를 내리시어 이 법회에 광림하여 주시기를 바라옵니다. 삼가 증명을 청하오니 다 함께 저희의 공양을 받아 주시옵소서.

[대중은 화음을 맞추어]

꽃과 향으로 청하옵니다.

12
헌좌안위편
(獻座安位篇第十二)

삼보자존을 편안하게 모시는 편

切以 道場氷潔 聖駕雲臻 旣從有感之心 必副無私之望

玆者 十方法界 三寶慈尊 旣臨淸淨之華筵 宜就莊嚴之妙座

下有獻座之偈 大衆隨言後和

妙菩提座勝莊嚴 諸佛坐已成正覺

我今獻座亦如是 迴作自他成佛因

가만히 생각해 보니, 맑은 얼음처럼 정결한 법회 도량에 성현께서 구름
수레를 타고 이르셨습니다. 감응을 바라는 중생의 마음을 따라서 오로
지 사사로움 없이 방문하셨습니다.
이제 시방법계의 삼보자존께서 이미 청정한 화연(華筵)에 광림하셨으
니, 마땅히 장엄한 보리좌로 나아가 주시옵소서.
아래 헌좌의 게송이 있으니 대중은 화음을 맞추어 따라 하시기 바랍니다.

수승하게 장엄된 미묘한 진리의 자리

모든 부처님이 앉으시어 정각을 이루시었네.
제가 지금 바치는 자리도 그와 같으니
나와 남의 성불의 인연으로 회향되게 하옵소서.

헌좌진언
(獻座眞言)

[印法 二手虛心合掌 二大指 二小指 各頭相柱 餘六指 微屈如開
敷蓮花形]

[수인 작법 : 두 손으로 허심 합장을 하고 두 엄지와 두 소지의 끝을 서
로 떠받치듯이 붙이고, 나머지 여섯 손가락은 연꽃이 피는 듯이 미세하
게 굽힌다.]

「옴 바아라 미라야 사바하」

[安座已 奉茶湯]

[헌좌를 마치면 다탕(茶湯)을 올린다.]

13
보례삼보편
(普禮三寶篇第十三)

삼보자존께 예경을 올리는 편

切以 江月舒輝 無幽不燭 佛身赴感 有願必從
衆生以三業歸誠 諸聖乃六通垂鑑
由是 敬焚牛首 高震魚音 虔恭瞻想 十方信禮 常住三寶

一心頂禮 南無盡十方 常住一切 佛陀耶衆
[衆和]²⁹ 唵薩嚩沒馱野
一心頂禮 南無盡十方 常住一切 達摩耶衆
[衆和] 唵薩嚩達摩野
一心頂禮 南無盡十方 常住一切 僧伽耶衆
[衆和] 唵薩嚩僧伽野

爲利諸有情 令得三身故
淸淨身語意 歸命禮三寶

29   갑사판본과 중대사판본에는 '衆和'의 지문이 없다.

76

가만히 생각해 보니, 달빛이 강물에 비치니 촛불이 없어도 어둡지 않듯이, 법계에 충만하신 부처님께서 원에 따라 감응하시니 두루 미치지 않는 곳이 없습니다.

저희 중생들이 몸과 말과 뜻으로 귀의하고 공경하오니, 삼보자존께서는 여섯 신통으로 드리워 살펴 주시옵소서.

이에 정중히 우두전단향을 사르고 범음을 소리 높이 울리며, 삼가 우러러 정성을 다하여 시방세계에 상주하시는 삼보자존께 신심으로 예를 올리옵니다.

일심으로 시방세계에 항상 머무시는 모든 불타야중께 머리 숙여 절하옵니다.

[대중은 화음을 맞추어] 옴 살바 못다야

일심으로 시방세계에 항상 머무시는 모든 달마야중께 머리 숙여 절하옵니다.

[대중은 화음을 맞추어] 옴 살바 달마야

일심으로 시방세계에 항상 머무시는 모든 승가야중께 머리 숙여 절하옵니다.

[대중은 화음을 맞추어] 옴 살바 승가야

일체 유정을 이롭게 하시고자

자성신(自性身)·수용신(受用身)·변화신(變化身)을 얻으시었네.

청정한 몸과 말과 생각으로

삼보자존께 귀명정례 하옵니다.

14
소청중위편[30]
(召請中位篇第十四)

중위의 호법신중을 청하는 편

以此振鈴伸召請 三界四府普聞知
願承三寶力加持 今夜今時來降赴

이렇게 요령 울려 청하오니
삼계와 사부[31]에 계신 신중께서는 널리 듣고 아시고
원컨대 삼보자존의 위신력으로 가지(加持)하여
오늘 밤 이 시간에 내려 이르옵소서.

30　건성사판본과 중대사판본에는 '擧念天藏持地地藏菩薩後宣請疏聖號下稱王字'의 지문
　　으로 되어 있다.

31　여기서 사부(四府)는 천계(天界)·공계(空界)·지계(地界)·염마계(閻魔界)를 말한다.

소청삼계제천주
(召請三界諸天呪)[32]

[印法 二手合掌 十指各散磔開 屈頭相柱 十指歧間 相去半寸]

[수인 작법 : 두 손을 합장하고 열 손가락 각각을 흩어서 찢었다가 연다. 손가락 끝을 굽혀 서로 떠받치며 열 손가락 사이가 반 마디 정도 떨어지게 한다.]

「옴 사만다 아가라 바리 보라니 다가다가 훔 바닥」

32　무색계(無色界)의 비상비비상처천(非想非非想處天)·무소유처천(無所有處天)·식무변처천(識無邊處天)·공무변처천(空無邊處天) 등 네 공천(四空天)에 있는 천과 그 권속을 청하는 진언.

소청오통선인주

(召請五通仙人呪)[33]

[印法 二手中指無名指小指各把拳 二[34]手相合 二大指各附中指 側頭指來去

[수인 작법 : 두 손의 중지·무명지·소지는 각각 주먹을 쥐고 두 손을 서로 합한다. 두 엄지는 각각 중지 옆에 붙이고 검지는 오간다.]

「옴 살바 가리댜 가마바라나 구다예 사바하」

---

33 부처님과 아라한에게 있는 숙명통(宿命通)·천안통(天眼通)·누진통(漏盡通)·신족통(神足通)·천이통(天耳通)·타심통(他心通) 등 육신통에서 누진통을 제외한 다섯 신통을 얻은 이들을 오통선인(五通仙人)이라 한다. 수륙재의 소의경전에 등장하는 바라문선이 이에 해당한다.

34 갑사판본에는 '一'로 표기되어 있다.

소청대력선신주

(召請大力善神呪)

[印法 起立並足 左手無名指捻大指甲上 右手亦同 二小指二中指
直竪頭相柱合 腕相着頭指來去]

[수인 작법 : 일어나서 발을 나란히 하고, 왼손의 무명지로 엄지손톱 위
를 잡는데 오른손도 마찬가지다. 두 소지와 두 중지는 끝을 바로 세워
서로 기둥이 되게 하고, 손목을 서로 붙이고 검지는 오간다.]

「옴 구로다 살바 디바나 사바하」

切以 天光下映 瑞氣上凝 聖凡之境不殊 人天之路相接 上來獻座
已 安佛法僧尊 今復傳香 普召天仙神衆
夫 天仙神者 按經所說 感果不同 或實報以酬因 或權形而應跡 咸
修善業 巍巍而福慧難量 各掌靈司 浩浩而威神莫測
伏願 遙聞讚語 各運歡心 仗三寶之慈光 現五通之妙用 暫辞天宮
地府 略別水國陽間 王乘則玉輦金輿 臣駕則紅霞彩霧 匡諸部從
降赴香筵 謹秉一心 先陳三請

一心奉請 塵塵刹刹 十方三世 大權應跡
實業受身 一切天主 一切天后 一切諸天 龍神八部 娑婆內外 主宰
造化 一切天官 一切星君 一切天仙神仙 一切婆羅門仙 一切地府
一切水府 一切官曹 諸鬼神等 一一一切眞宰萬靈 一一一切官僚
眷屬
如是等衆 無量無邊 一一掌握 一一塵刹
願承佛力 同降道場 咸被慈光 普霑供養
[衆和]
香花請

가만히 생각해 보니, 하늘의 빛은 아래로 비추고 상서로운 기운은 위에
서 엉기듯이, 성인과 범부의 경지는 다르지 않고 사람과 천신의 길도 서
로 맞닿아 있습니다. 앞에서 자리를 드려 불·법·승 삼보자존께서 편안
히 좌정하시었으니, 이제 다시 향을 피워 올려 천선신(天仙神)의 대중을
널리 부르겠습니다.
저 천선신은 경전에서 설명하는 바에 따르면 수행하는 업인(業因)에 따

라 그 모습이 다릅니다. 혹은 진실한 법을 수행하여 중도의 이치를 깨달은 모습으로, 혹은 방편에 따라 그 모습을 나타내기도 합니다. 천선신은 모든 선업을 닦았으니 높고 높은 복과 지혜는 헤아리기 어려우며, 각기 영혼을 살피는 일을 관장하니 넓고 넓은 위신력은 측량하기 어렵습니다.

엎드려 바라옵건대, 천선신께서는 멀리서도 찬탄의 말을 들으시고 각기 환희심을 내시어, 삼보자존의 자비광명에 의지하여 오신통의 묘한 운용을 드러내시어, 잠시 천궁(天宮)과 지부(地府)를 떠나시고, 잠시 수국(水國)과 양간(陽間)을 이별하시기 바라옵니다. 왕이시면 옥련(玉輦)과 금여(金輿)에 오르시고, 신하이시면 홍하(紅霞)와 채무(彩霧)를 타시고, 권속을 거느리고 향연(香筵)에 내려 이르시기를 바라옵니다. 삼가 일심으로 삼청(三請)을 펼치옵니다.

일심으로 받들어 청하옵니다.
시방삼세의 헤아릴 수 없이 많은 곳곳마다 큰 방편으로 중생에게 응하시어 나타내시는 천선신이시여!
진실한 수행의 업인(業因)으로 몸을 받은 일체의 천주(天主)와 천후(天后), 일체의 모든 천신과 용신을 비롯한 팔부신장[35], 사바세계 내외의 조화를 주재하는 일체의 천관(天官), 일체의 성군(星君), 일체의 천선(天仙)·신선(神仙), 일체의 바라문선, 일체 지부(地府), 일체 수부(水府), 일체 관조(官曹)의 여러 귀신, 일체 하늘의 모든 신령 하나하나, 일체 관료(官僚)

---

35   불법을 지키는 여덟 신장(神將). 천(天)·용(龍)·야차(夜叉)·건달바(乾闥婆)·아수라(阿修羅)·가루라(迦樓羅)·긴나라(緊那羅)·마후라가(摩睺羅迦)를 말한다.

권속의 하나하나 등 모든 천선신중이시여!

이와 같이 티끌처럼 많은 나라마다 하나하나 장악하고 계시는 헤아릴 수 없이 많은 신중님을 청하옵니다.

원하옵건대, 부처님의 위신력을 받들어 함께 이 도량에 강림하시어, 다 함께 자비 광명을 입으시고 널리 공양을 받아 주시옵소서.

[대중은 화음을 맞추어]

꽃과 향으로 청하옵니다.

15

천선예성편
(天仙禮聖篇第十五)

호법신중이 삼보자존께 예를 올리는 편

謹白 天仙等衆 旣受虔請 已降香壇
當除放逸之心 可發慇懃之意 投誠千種 懇意萬端
想佛法僧以難逢 策身語意而信禮
下有普禮之偈 大衆隨言後和

普禮十方無上尊 五智十身諸佛陀
普禮十方離欲尊 五敎三乘諸達摩
普禮十方衆中尊 大乘小乘諸僧伽

삼가 아뢰옵니다. 앞에서 정성을 다한 초청을 받으시고 이미 향단에 내려오신 천선신중이시여!

마땅히 방일한 마음 거두시고 겸손하고 정중한 뜻을 내시어 천 가지 정성과 만 가지 뜻이 담긴 저희의 정성을 받아들여 주시기를 바라옵니다.

불·법·승 삼보님을 만나기 어렵다는 것을 생각하시어, 몸과 말과 뜻을 기울여 신심의 예경을 준비하여 주시기 바랍니다.

아래 보례(普禮)의 게송이 있으니 대중은 화음을 맞추어 따라 하시기 바랍니다.

널리 시방세계 무상존이신 오지[36]와 십신의 모든 불타님께 예배합니다.
널리 시방세계 이욕존이신 오교[37]와 삼승[38]의 모든 달마님께 예배합니다.
널리 시방세계 중중존이신 대승과 소승의 모든 승가님께 예배합니다.

---

36 법계체성지(法界体性智)·대원경지(大円鏡智)·평등성지(平等性智)·묘관찰지(妙観察智)·성소작지(成所作智)를 말한다.

37 오교(五教)는 장교(蔵教)·통교(通教)·별교(別教)·원교(円教)·일교(一教)로 모든 가르침을 뜻한다.

38 삼승은 성문·연각·보살을 말하나, 여기서는 진공(眞空)과 열반(涅槃)에 이르는 가르침을 말한다.

16
헌좌안위편
(獻座安位篇第十六)

호법신중을 편안하게 모시는 편

再白 天仙等衆 旣虔三業 已禮十方
逍遙自在以無拘 寂靜安閑而有樂
玆者 香燈互列 花果交陳 旣敷筵會以祇[39]迎 宜整容儀而就座
下有獻座之偈 大衆隨言後和

我今敬設寶嚴座 普獻一切天仙神
願滅塵勞妄想心 速圓解脫菩提果

다시 아뢰옵니다. 이미 삼업을 단정히 맑히시고 시방세계의 삼보자존
께 인사를 드리신 천선신중이시여!
아무 걸림 없이 자재하게 소요하시며 평안하게 한가로움을 즐기시니
고요하고 고요하십니다.
이제 향과 등불을 가지런히 하고 꽃과 과일을 진설하여 이미 법연을 갖

39　갑사판본·견성사판본 祇.

추어 신기님들을 맞이하오니, 몸가짐과 위의를 단정히 하시고 자리로 나아가 주시기 바랍니다.

아래 헌좌의 게송이 있으니 대중은 화음을 맞추어 따라 하시기 바랍니다.

제가 이제 경건하게 보배로 장엄한 자리를 마련하여

널리 일체의 천선신께 바치옵니다.

원컨대 진로(塵勞)의 망상심을 없애시고

속히 해탈의 보리과를 원만하게 증득하소서.

헌좌진언
(獻座眞言)

[印法 施戒惠方四度相叉入掌 忍願直竪頭相着[40] 進力二度各附 忍願背 禪智二度向身開竪]

[수인 작법 : 오른손의 소지(보시바라밀)와 무명지(지계바라밀), 왼손의 소지(혜바라밀)와 무명지(방편바라밀) 네 손가락을 서로 깍지 끼고 손바닥 안으로 넣는다. 오른손의 중지(인욕바라밀)와 왼손의 중지(원바라밀)는 똑바로 세워 끝을 서로 붙인다. 오른손의 검지(정진바라밀)와 왼손의 검지(역바라밀) 두 손가락은 각각 기대고, 각각의 중지 등에 오른손의 엄지(선정바라밀)와 왼손의 엄지(지바라밀) 두 손가락은 몸을 향해 열어 세운다.]

「옴 가마라 싱하 사바하」

---

40   덕주사판본 著.

[安座已奉茶湯]

[안좌게를 마치고 다탕(茶湯)을 올린다.]

17
소청하위편
(召請下位篇第十七)

하위의 명도귀계를 청하는 편

以此振鈴伸召請 冥途鬼界普聞知
願承三寶力加持 今夜今時來赴會

이렇게 요령 울려 청하오니
명도의 귀계들이시여 널리 듣고 아시고
원컨대 삼보자존의 위신력으로 가지(加持)하여
오늘 밤 이 시간 이 재회에 이르소서.

파지옥진언
(破地獄眞言)

[印法 二手中指無名指 屈在掌中相背 二大指頭指小指各相去半寸許]

[수인 작법 : 두 손의 중지와 무명지는 손바닥 안으로 굽혀 서로 등지게 하고, 두 엄지와 검지와 소지는 각기 서로 반 마디 정도 떨어지게 한다.]

「나모 아따 시디남 삼먁 삼못다 구치남 옴 아자나 바바시 디리 디리 훔」

멸악취진언
(滅惡趣眞言)

[印法 二手合腕屈二中指如鉤 二無名指竪頭相着 二大指頭指小指
直竪 伸之頭去三寸許]

[수인 작법 : 두 손의 손목을 합해 두 중지를 갈고랑이처럼 굽힌다. 두
무명지는 똑바로 세워 서로 끝을 붙인다. 두 손의 엄지·검지·소지는 똑
바로 세워 그것을 펼치고 세 마디 정도 떨어지게 한다.]

「옴 아모가 바이로차나 마하무드라 마니 파드마 아바라 파라밀타야
훔」

소아귀진언
(召餓鬼眞言)

[印法 左手作無畏 右手向前竪 四度微曲 進度鉤召]

[수인 작법 : 왼손은 무외인(無畏印)을 짓고 오른손은 앞을 향해 세우며, 네 손가락은 살짝 굽히고 오른손의 검지(정진바라밀)는 구부려 아귀를 부른다.]

「옴 지나지가 예혜혜 사바하」

보소청진언

(普召請眞言)

[印法 二手頭指中指無名指小指 右押左掌 內相叉相 鉤急握伸 二大指上下來去]

[수인 작법 : 두 손의 검지·중지·무명지·소지는 오른손이 왼손바닥을 누르며, 안으로 서로 깍지 끼고 서로 갈고리로 걸듯이 급히 쥐고 두 엄지는 펴서 위아래로 오간다.]

「나모 보보데리 가리다리 다타 아다야」

切以 銀河浪徹 玉漏聲催 星辰耿耿而更深 宇宙沈沈而境靜 當可
牛香再爇 魚梵重宣 三界之諸聖旣臨 五姓[41]之孤魂未集

夫 孤魂者 按經所說 殞命不同 細分則異狀千般 略言則橫灾九種
如斯夭枉 詎可名言 不憑薦拔之功 難得超昇之路

次及 三途滯魄 八難[42]沈魂 其因也縱一寸心 其果也感百千劫 入雖
有路 出且無門 匪業盡而難逃 非慈濟而莫脫

今乃 運心平等 設食無遮 爲汝豎引路神幡 爲汝誦招魂密語 願承
呪力 雲集道場 享甘露之珎羞 受菩提之戒法

將伸召請 別有詞文 謹秉一心 先陳三請

一心奉請 塵塵刹刹 十方三世 中國外國 有姓無姓 帝王后妃 文武
官僚 尊卑男女 一切人倫 五趣修羅 各及眷屬 [別薦入此] 他方此
界 十類孤魂 依草附木 一切鬼神 地府酆都 大小鐵圍 根本近邊 一
切地獄 河沙餓鬼 法界傍生 及與中陰 諸有情衆

如是等類 無量無邊 一一充塞 一一塵刹

願承佛力 雲集道場 咸脫幽都 普霑法供

[衆和]

香花請

41　불교에서 오성은 유식의 5종성을 지칭하지만 여기에서의 오성은 십법계(十法界)에서 상위
의 사성(四聖)과 중위의 천선신중을 제외한 하위의 인간·수라·축생·아귀·지옥의 다섯 종성을 말
한다.

42　부처님을 만나지 못하고 정법을 듣지 못하는 여덟 가지의 재난. 재지옥난(在地獄難)·재축생
난(在畜生難)·재아귀난(在餓鬼難)·재장수천난(在長壽天難)·재북울·단월주난(在北鬱單越洲難)·농맹
음아(聾盲瘖瘂)·세지변총(世智辯聰)·불전불후(佛前佛後)를 말한다.

가만히 생각해 보니, 은하의 물결은 밝아지고 옥루(玉漏)의 소리가 시간을 재촉하니, 별빛은 더욱 깊어지고 우주의 적막한 경지는 고요하고 고요합니다. 마땅히 우두향 다시 사르고, 어산 스님의 범음을 거듭 펼쳐야 합니다. 삼계의 여러 성현께서는 이미 광림하셨으나, 중생계의 고혼(孤魂)들이 아직 모이지 못하였습니다.

저 고혼은 경전에서 설명하는 바에 따르면, 사람의 죽음은 같은 것이 없어서 세세하게 나누면 천 가지 다른 모습이고, 간략하게 말하면 아홉 가지의 뜻하지 않은 재앙으로 인하여 죽은 고독한 혼령이 있습니다. 예를 들어 젊어 죽는 요왕(天枉) 등이 있는데 어찌 그 이름을 다 말할 수 있겠습니까. 이러한 고혼들은 천도하는 공덕에 의지하지 않고는 극락왕생하는 길을 얻기 어렵습니다.

그리고 삼악도에 막혀 있는 백(魄)과 여덟 어려움에 빠진 혼(魂)이 있습니다. 그 원인은 마음을 한순간이라도 제멋대로 쓴 것 때문이지만, 그 결과는 백천 겁에 닿게 됩니다. 삼악도에 들어오는 길은 있었지만 나가는 문이 없습니다. 업이 다하지 않고는 벗어나기 어려우며, 삼보자존의 구제가 아니고는 벗어나기 어렵습니다.

이에 차별 없는 마음을 내어 막힘이 없는 법식을 베풀고자 합니다. 그대들을 위하여 인로왕보살님의 신통한 번을 세우고, 그대들을 위하여 혼을 부르는 진언과 말씀을 염송합니다. 바라옵건대, 진언의 힘에 의지하여 이 도량으로 모이시어 감로의 진수를 맛보시고 보리의 계법을 받으시길 바랍니다.

이제 하위를 부르는 별도의 청사문을 펼치겠습니다. 삼가 일심으로 먼저 삼청(三請)을 펼치옵니다.

일심으로 받들어 청하옵니다.

시방삼세의 헤아릴 수 없이 많은 곳곳마다, 나라 안이나 나라 밖의 성(姓)이 있는 귀족부터 성이 없는 천민까지, 제왕과 후비를 비롯한 문무관료, 지위가 높은 자나 낮은 자를 불문하고 남녀 모두 등 인간계의 모든 고혼들, 지옥계·아귀계·축생계·수라계·천상계의 중생을 비롯한 각 권속들, [별도의 천도 영가는 여기에 들인다.] 이 사바세계나 타방세계의 열 종류 고혼과 풀과 나무에 의지하여 사는 일체의 귀신들, 저승의 풍도지옥과 철위산에 있는 크고 작은 지옥과 근본지옥·근변지옥·고독지옥 등 일체 지옥중생들, 항하사처럼 많은 아귀와 법계의 방생(傍生)과 중음(中陰)의 모든 유정(有情)이시여!

이와 같은 셀 수 없고 끝도 없이 많고 많아 하나하나가 티끌처럼 많은 세상을 가득 채우고 있는 고혼들을 청하옵니다.

원하옵건대, 부처님의 위신력을 받들어 구름처럼 이 도량에 모이시어, 법공양을 흠뻑 입어 모두 명계(冥界)를 벗어나시기 바랍니다.

[대중은 화음을 맞추어]

꽃과 향으로 청하옵니다.

18
인예향욕편
(引詣香浴篇第十八)

고혼을 향욕실로 안내하는 편

上來 已憑佛力法力 三寶威神之力 召請人道 一切人倫 泊無主孤
魂 及有情等衆 已屆道場
大衆聲鈸 請迎赴浴

[誦大悲呪 及 般若心經 亦得]

앞에서 부처님의 위신력과 법의 위신력과 삼보자존의 위신력에 의지
해 청하여 부른 인간계의 모든 무주고혼과 유정들께서는 이미 이 도량
에 이르셨습니다.
대중은 바라를 울리며 맞이하여 욕실에 이르시기를 청하시기 바랍니다.

[이때 대비주나 반야심경을 염송해도 된다.]

19
가지조욕편
（加持澡浴篇第十九）

삼보자존의 가지력으로 목욕하는 편

詳夫 淨三業者 無越乎澄心 潔萬物者 莫過扵淸水 是以 謹嚴浴室
特備香湯 希一濯扵塵勞 獲万劫之淸淨
下有沐浴之偈 大衆隨言後和

我今以此香湯水 灌沐孤魂及有情
身心洗滌令淸淨 證入眞空常樂鄕

자세히 헤아려보니, 삼업(三業)을 맑히는 데는 깨끗한 마음보다 더 나은 것이 없고, 만물을 깨끗이 하는 데는 맑은 물보다 더 나은 것이 없습니다. 이런 까닭에 삼가 욕실을 장엄하게 꾸미고 특별히 향탕수를 마련하였으니 모든 번뇌를 단번에 씻어 내어 만겁의 청정을 얻으시기 바랍니다.

아래에 목욕하는 게송이 있으니 대중은 화음을 맞추어 따라 하시기 바랍니다.

제가 이제 이 향탕수로

고혼과 유정들을 목욕시키오니,

몸과 마음을 깨끗이 닦아 청정하게 하사

본래 공을 증득하여 상락향(常樂鄕)에 드시옵소서.

목욕진언

(沐浴眞言)

[印法 二手無名指小指 內相叉入掌 右押左竪 二中指頭相柱 二頭指捻中指背上 二大指捻中指中郎]

[수인 작법 : 두 손의 무명지와 소지는 안으로 서로 깍지 끼워 손바닥 속에 넣되 오른손이 왼손을 누른다. 두 중지의 끝은 서로 기둥이 된다. 두 검지는 중지의 등 위쪽을 잡고 두 엄지는 중지의 가운데 마디를 누른다.]

「옴 바다모 사니사 하모가 아례 훔」

작양지진언
(嚼楊枝眞言)

[印法 左手大母指捻 無名指下郞 作金剛拳印]

[수인 작법 : 왼손 엄지로 무명지의 아랫마디를 누르고 금강권(金剛拳)
을 짓는다.]

「옴 바아라하 사바하」

수구진언
(漱口眞言)

[印法 左手結金剛拳 伸願方慧三指]

[수인 작법 : 왼손으로 금강권을 쥐고 왼손의 중지·무명지·소지 세 손
가락을 편다.]

「옴 도도리 구로구로 사바하」

세수면진언

(洗手面眞言)

[印法 同嚼楊枝]

[수인 작법 : 작양지진언과 같다.]

「옴 사만다 바리슛데 훔」

20
가지화의편
(加持化衣篇第二十)

가지력으로 옷을 변화시키는 편

諸佛子 沐浴既周 身心俱淨 今以如來 無上秘密之言 加持冥衣
願此一衣爲多衣 以多衣爲無盡之衣 令稱身形 不長不短 不窄不寬
勝前所服之衣 變成解脫之服
故吾佛如來 有化衣財陀羅尼 謹當宣念

모든 불자들이여! 이미 목욕을 마쳤으니 몸과 마음이 다 청정해졌습니
다. 이제 여래의 위없는 비밀의 말씀인 다라니로 저승의 옷을 가지(加
持)하고자 합니다.

원하옵건대, 이 한 벌의 옷이 수많은 옷이 되고, 수많은 옷은 다함이 없
는 옷이 되어지기를 바라옵니다. 몸에 잘 맞아 길지도 않고 짧지도 않
고, 좁지도 않고 넓지도 않아 살아생전의 그 어떤 옷보다 뛰어난 해탈의
옷으로 변해지기를 바라옵니다.

이런 까닭에 우리 부처님 여래의 화의재다라니를 삼가 염송합니다.

화의재진언
(化衣財眞言)

[此呪無出印處 若有杵用杵加持 如無杵作蓮花掌 亦得]

[수인 작법 : 이 주(呪)에는 인법(印法)이 없으니, 금강저(金剛杵)가 있으면 그것을 써서 가지(加持)하고, 금강저가 없으면 연화합장(蓮花合掌)을 지으면 된다.]

「나모 사만다 못다남 옴 바자나 비로기데 사바하」

諸佛子 持呪旣周 化衣已遍 無衣者與衣覆躰 有衣者弃古換新
將詣淨壇 先整服飾

여러 불자들이여! 진언으로 가지(加持)하여 변화시킨 옷이 이미 가득합
니다. 옷이 없는 분은 옷을 드리니 몸을 감싸시고, 옷이 있으신 분은 헌
옷을 버리고 새 옷으로 갈아입으시기 바랍니다.
장차 정단(淨壇)으로 나아가야 하오니, 먼저 복식을 단정히 하시기 바랍
니다.

수의진언

(授衣眞言)

[印法 右手作拳 取水用洒授之]

[수인 작법 : 오른손으로 주먹을 쥐고, 왼손으로는 물을 떠서 줄 옷에 뿌린다.]

「옴 바리마라 바바리니 훔」

착의진언

(着衣眞言)

[印法 二手大母指 各押頭指中指無名指小指甲上]

[수인 작법 : 두 손의 엄지로 검지·중지·무명지·소지의 손톱 위를 각각 누른다.]

「옴 바아라 바사세 사바하」

정의진언
(整衣眞言)

[印法同前]

[수인 작법 : 위의 착의진언과 같다.]

「옴 사만다 사다라나 바다메 훔 박」

21
출욕참성편
(出浴叅聖篇第二十一)

향욕실에서 나와 삼보자존께 나아가는 편

諸佛子 旣周服飾 可詣壇場 禮三寶之慈尊 聽一乘之妙法 請離香
浴 當赴淨壇 合掌專心 徐步前進

여러 불자들이여! 이미 복식을 두루 갖추었으니, 정단에 이르러 삼보자
존께 인사드리고 일승의 묘법을 들으셔야 합니다. 향욕실을 나오시어
정단으로 나아가야 하오니, 두 손을 합장하고 오롯한 마음으로 천천히
앞으로 나오시기 바랍니다.

지단진언

(指壇眞言)

[印法 左手作金剛拳 力度直伸 指於壇所]

[수인 작법 : 왼손으로 금강권을 쥐고, 검지는 바로 펴서 단소(壇所)를 가리킨다.]

「옴 예이혜 베로자나야 사바하」

22

가지예성편
(加持禮聖篇第二十二)

가지력으로 삼보자존께 예를 올리는 편

上來 爲冥道有情 引入淨壇已竟 今當禮奉三寶

夫三寶者 三身正覺 五教靈文 三賢十聖之尊 五果二乘之衆

汝等 旣來法會 得赴香筵 想三寶之難逢 傾一心而信禮

下有普禮之偈 大衆隨言後和

普禮十方一切佛 舍利靈牙窣覩波

普禮十方一切法 五教三乘妙法藏

普禮十方一切僧 菩薩聲聞緣覺衆

諸佛子 幸逢聖會 已禮慈尊 宜生罕遇之心 可發難遭之想

請離壇所當赴冥筵 同亨珎羞 各求妙道

앞에서 명도의 유정들은 이미 정단으로 인도해 들어왔습니다. 이제 마땅히 삼보자존을 받들어 예배를 드려야 합니다.

대저 삼보(三寶)란 법신(法身)·보신(報身)·화신(化身)의 모든 부처님과,

소승교(小乘敎)·대승시교(大乘始敎)·대승종교(大乘終敎)·일승돈교(一乘頓敎)·일승원교(一乘圓敎) 등 오교(五敎)의 신령스러운 가르침과, 십주(十住)·십행(十行)·십회향(十廻向)의 계위에 있는 모든 보살님과 십대 제자의 존자님과 수다원(須陀洹)·사다함(斯陀含)·아나함(阿那含)·아라한(阿羅漢)·벽지불(辟支佛)과 대승과 소승의 모든 대중을 말합니다.

그대 고혼들은 이미 이 법회 도량에 이르렀으니 향연에 나아갈 수 있습니다. 삼보자존을 만나기 어렵다는 것을 생각하시어, 일심을 기울여 신심으로 예를 올리시기 바랍니다.

아래에 보례(普禮)의 게송이 있으니 대중은 화음을 맞추어 따라 하시기 바랍니다.

시방세계의 모든 불보, 사리·영아를 모신 스투파에 널리 절하옵니다.
시방세계의 모든 법보, 오교·삼승의 묘법장에 널리 절하옵니다.
시방세계의 모든 승보, 보살·성문·연각의 대중에게 널리 절하옵니다.

여러 불자들이여! 다행스럽게도 성스러운 재회를 만나 삼보자존께 인사를 드렸습니다. 마땅히 수승한 재회를 만나기 쉽지 않다는 마음을 내시고, 불법을 만나기는 더 어렵다는 생각을 내셔야 합니다.

청하옵건대, 정단을 떠나 명연(冥筵)의 자리로 옮기시어 진기한 음식을 함께 드시고 각자 오묘한 도리의 깨달음을 구하시기 바랍니다.

23
수위안좌편
(受位安座篇第二十三)

고혼을 편안히 앉게 하는 편

諸佛子 上來 承佛攝受 仗法加持 旣無囚繫以臨筵 願獲逍遙而就坐
下有安坐之偈 大衆隨言後和

我今依敎設華筵 花果珎羞列座前
大小宜依次第坐 專心諦聽演金言

여러 불자들이여! 앞에서 부처님께서 자비로 제도하시고자 하는 뜻을
받들어 법의 가지력(加持力)에 의지하여 이미 구속과 포박 없이 이 법
연에 참석하였습니다. 원컨대 편안한 마음으로 자리에 앉으시기 바랍
니다.
아래에 안좌의 게송이 있으니 대중은 화음을 맞추어 따라 하시기 바랍
니다.

제가 이제 교법에 의거하여 화연을 베풀고자
화과(花果)와 진수(珍羞)를 자리 앞에 진열하였습니다.

어른과 아이의 순서에 따라 자리에 앉으시어

마음을 오로지 하여 부처님께서 설하시는 말씀을 잘 들으십시오.

안좌진언
(安座眞言)

[印法 施戒惠方四度相叉入掌 忍頭直竪頭相着 進力二度各附忍願背 禪智二度向身開竪]

[수인 작법 : 오른손의 소지(보시바라밀)와 무명지(지계바라밀), 왼손의 소지(혜바라밀)와 무명지(방편바라밀) 네 손가락은 서로 깍지 껴서 손바닥에 넣고, 오른손의 중지(인욕바라밀)와 왼손의 중지(원바라밀)를 똑바로 세워 끝을 서로 붙인다. 오른손 검지(정진바라밀)와 왼손 검지(역바라밀)는 각각 오른손 중지와 왼손 중지의 등에 기대 붙인다. 오른손 엄지(선정바라밀)와 왼손 엄지(지바라밀)의 두 손가락은 몸을 향해 열어 세운다.]

「옴 마니 군다리 훔 훔 사바하」

[已上呪 各三徧]

[이상의 주문은 각 세 편]

118

24
가지변공편
(加持變供篇第二十四)

가지력으로 공양물을 변화시키는 편

切以 香燈耿耿 玉漏沈沈 正當普供十方 亦可冥資三有

玆者 栴檀載熱 蘋藻交羞 欲成供養之周圓 須仗加持之變化

仰干悲智 俯賜證明

가만히 생각해 보니, 등불은 밝게 빛나고 시간은 점점 깊어 갑니다. 널리 시방삼세의 삼보자존께 공양 올리고, 또한 삼계의 육도중생에게도 공양을 베풀어 명도의 자량이 되게 함이 마땅합니다.

이에 전단향을 살라 올리니 제사 음식을 진수로 바꾸어 주시기 바랍니다. 공양이 두루두루 원만하게 이루어지게 하고자 가지력(加持力)에 의지하여 변화하기를 기다립니다.

비증보살님과 지증보살님께서 굽어 살피사 증명을 내려 주시기를 우러러 바라옵니다.

정법계진언
(淨法界眞言)

[印法 右手母指與無名指相捻 三指散捨]

[수인 작법 : 오른손 엄지와 무명지를 서로 누르고, 나머지 세 손가락은 흩어 버린다.]

「옴 람」

[二十一徧]

[스물한 편]

변식진언

(變食眞言)

[印法 右手大指捻 頭指中指小指舒 無名指旋 揮供具上]

[수인 작법 : 오른손 엄지로 검지·중지·소지를 누르고, 무명지를 펼쳐 공양구 위를 선회하며 휘두른다.]

「나모 살바다타 아다 바로기제 옴 삼바라 삼바라 훔」

[二十一編]

[스물한 편]

출생공양진언
(出生供養眞言)

[印法 右手五指於 左手五指上節文相叉 右押左 十指頭齋正 誦後
頂上散之]

[수인 작법 : 오른손 다섯 손가락을 왼손의 다섯 손가락 윗마디에 서로
깍지 끼고, 오른손으로 왼손을 누르며 열 손가락의 끝을 가지런히 하고
진언을 외운 후 머리 위에서 흩는다.]

「옴」

[二十一徧]

[스물한 편]

헌향진언
(獻香眞言)

[印法 施戒慧方四度 內相叉入掌竪 二中指頭相柱 以左頭指捻中指背屈 右頭指捻二大指甲上]

[수인 작법 : 오른손 소지(보시바라밀)와 무명지(지계바라밀), 왼손의 소지(혜바라밀)와 무명지(방편바라밀) 네 손가락을 안으로 서로 깍지 끼워 손바닥으로 넣고, 두 중지 끝을 서로 떠받치며, 왼손 검지는 중지의 등을 누르고, 오른손 검지를 굽혀서 두 손의 엄지손톱 위를 누른다.]

「옴 바아라 도비야 훔」

헌등진언

(獻燈眞言)

[印法 施戒慧方四度 內相叉入掌竪 二中指頭相柱 以二頭指捻 二大指甲上]

[수인 작법 : 오른손 소지와 무명지, 왼손의 소지와 무명지 네 손가락을 안으로 서로 깍지 껴서 손바닥에 넣고, 두 중지 끝을 세워 서로 떠받치며, 두 검지는 두 엄지손톱 위를 누른다.]

「옴 바아라 아로기아 훔」

헌화진언
(獻花眞言)

[印法 施戒慧方四度 內相叉入掌竪 二中指頭相柱 以二頭指各捻 中指背 二大指縛着 左頭指下節文]

[수인 작법 : 오른손 소지와 무명지, 왼손의 소지와 무명지 네 손가락을 안으로 서로 깍지 끼워 손바닥으로 넣고, 두 중지 끝을 세워 서로 떠받 치며, 두 검지로써 각각 중지의 등을 누르고, 두 엄지는 왼손 검지의 아 랫마디에 결박하여 붙인다.]

「옴 바아라 보삐아 훔」

헌과진언
(獻菓眞言)

[印法 二手合掌 虛掌內二大指各捻中指中節 二頭指各屈押二大指甲上 二頭指申背相着]

[수인 작법 : 두 손을 합장하고 빈 손 안에서 두 엄지는 각각 중지 가운데 마디를 붙잡는다. 두 손의 검지는 각각 굽혀서 두 엄지손톱 위를 누르고, 두 검지는 등을 서로 붙인다.]

「옴 바라미슫데 보라사라 훔」

헌수진언
(獻水眞言)

[印法 二手中指無名指小指 各把大指作拳合腕 以二頭指頭相柱]

[수인 작법 : 두 손의 중지·무명지·소지는 각각 엄지를 잡아 주먹을 쥐고 팔목은 합한다. 두 검지의 끝은 서로 떠받친다.]

「옴 살바 오다가야 아라아 사바하」

헌병진언
(獻餠眞言)

[印法 施戒忍惠方願六度並屈頭相着 開掌中二寸 進力各竪頭相去
三寸 禪智並伸頭 入忍願進力開]

[수인 작법 : 오른손의 소지(보시바라밀) · 무명지(지계바라밀) · 중지(인욕바라
밀)와 왼손의 소지(혜바라밀) · 무명지(방편바라밀) · 중지(원바라밀)의 여섯 손
가락은 모두 구부려 끝을 서로 붙이고, 손바닥 안을 한 마디 정도 연다.
오른손 검지(정진바라밀)와 왼손 검지(역바라밀)는 각각 세워 끝을 세 마디
정도 떨어뜨린다. 오른손 엄지(선정바라밀)와 왼손 엄지(지바라밀)는 아울
러 끝을 펴서 오른손의 중지(인욕바라밀)와 왼손의 중지(원바라밀), 오른손
의 검지(정진바라밀)와 왼손의 검지(역바라밀) 사이에 넣는다.]

「옴 바다마 새리니 사다야 사바하」

헌식진언
(獻食眞言)

[印法 二大指屈頭向下 二頭指直竪 二中指亦竪小曲 二無名指二小指 並屈右掌[43]]

[수인 작법 : 두 엄지는 끝을 굽혀 아래로 향하고, 두 검지는 똑바로 세운다. 두 손의 중지도 똑바로 세워 조금 굽히고, 두 무명지와 두 소지는 모두 굽혀 손바닥 안에 둔다.]

「옴 바아아라 니미디아 훔」

[七眞言 各 三編]

[일곱 진언 각 세 편]

---

43 견성암판본 並屈在掌.

운심공양진언

(運心供養眞言)[44]

[印法 二手合掌 虛於掌內 二大指各伸捻 中指中節側文上 二頭指各屈押一大指甲上 二頭指甲相着]

[수인 작법 : 두 손은 합장하여 손바닥 안을 비운다. 두 손의 엄지는 각각 펴서 두 중지 가운데 마디 옆의 위를 누른다. 두 검지는 각각 굽혀 두 엄지손톱 위를 누르며, 두 손의 검지손톱은 서로 붙인다.]

44　상위 공양 의식.

願此淸淨妙香饌 化生盡空徧法界
普於無盡三寶前 一一莊嚴伸供養

이 청정하고 오묘한 향찬을
허공계가 다하도록 법계에 두루 하시며 중생을 교화하시는
널리 다함없는 삼보자존님 전에
하나하나 장엄하여 공양을 펼치옵니다.

「나막 살바다타 아데박미 새바모계 뱍 살바다캄 오나아데 빠라혜맘 옴
아아나감 사바하」

운심공양진언
(運心供養眞言)[45]

[七供養眞言如上 淨法界等三呪亦同 但減徧數一七耳
印法同前
此是中壇 供獻之儀]

[일곱 공양진언은 위와 같다. 정법계 등 세 주(呪)도 또한 같다. 다만 편
수를 일곱 번으로 줄일 뿐이다.
수인 작법 : 앞과 동일하다.
이것이 중단에 공양 올리는 의범이다.]

45   중위 공양 의식.

願此淸淨妙香饌 化生盡空徧法界
普於三界諸聖前 一一莊嚴伸供養

이 청정하고 오묘한 향찬을,
허공계가 다하도록 법계에 두루 하며 중생을 교화하시는
널리 삼계의 모든 성현 앞에
하나하나 장엄하여 공양을 펼치옵니다.

「나막 살바다타 아데박미 새바모계 먁 살바다캄 오나아데 빠라혜맘 옴
아아나감 사바하」

25
선양성호편
(宣揚聖號篇第二十五)

여래의 명호와 위신력을 들려주는 편

上來 迎請旣周 供養方畢 今爲汝等 諸佛子衆 稱五如來聖號 及五佛神呪等 次第宣揚 汝等諦聽

앞에서 성현을 맞이하여 이미 두루 공양을 마쳤습니다. 이제 육도의 모든 유정과 이 법회에 참석한 여러 불자를 위해 다섯 여래의 성호(聖號)와 다섯 부처님의 신비로운 진언을 칭할 차례입니다. 이제 선양하리니 여러분들은 잘 들으시기 바랍니다.

나무다보여래
(南無多寶如來)

[印法 二手十指頭相着 如來敷蓮花]

[수인 작법 : 두 손의 열 손가락 끝을 서로 붙여 덜 핀 연꽃 모양을 한다.]

「나모 바아바떼 바라보다 아라다나 다타아다야」

諸佛子 由稱多寶如來 名號及眞言 加持力故 能令汝等 具足法財 稱意所須 受用無盡

여러 불자들이여! 다보여래의 명호와 진언을 칭한 가지력(加持力)으로 여러분들은 법의 재물을 구족하게 되었습니다. 여러분들이 생각하는 대로 받아 써도 다함이 없을 것입니다.

나무묘색신여래

(南無妙色身如來)

[印法 二手轉腕向前 力智度頭相着]

[수인 작법 : 두 손의 손목을 돌려 앞으로 향하고, 왼손의 검지(역바라밀)
와 엄지(지바라밀)를 서로 붙인다.]

「나모 바아바뎨 소로바야 다타아다야」

諸佛子 由稱妙色身如來 名號及眞言 加持力故 能令汝等 免醜陋
報 諸根具足 相好圓滿

여러 불자들이여! 묘색신여래의 명호와 진언을 칭한 가지력(加持力)으
로 여러분들은 누추한 모습의 과보를 면하게 되었습니다. 여러분들은
모든 기관을 잘 갖추어서 상호가 원만하게 될 것입니다.

나무광박신여래

(南無廣博身如來)

[印法 左手想持蓮花 右手忍禪彈作 聲隨誦而彈之

[수인 작법 : 왼손에는 연화를 잡고 있다고 생각하고, 오른손의 중지(인욕바라밀)와 엄지(선정바라밀)는 악기를 타는 소리를 내고 염송을 따라 그것을 탄다.]

「나모 바아바뎨 미바라아다라야 다타아다야」

諸佛子 由稱廣博身如來 名號及眞言 加持力故 能令汝等 咽喉寬大 免飢虛報 自在充足

여러 불자들이여! 광박신여래의 명호와 진언을 칭한 가지력(加持力)으로 여러분들은 목구멍이 넓어졌습니다. 여러분들은 굶주림의 과보를 면하고 자유자재로 충족할 수 있게 될 것입니다.

나무이포외여래
(南無離怖畏如來)

[印法 左手下乘 右手轉腕向前 頭指與大拇指相捻]

[수인 작법 : 왼손은 아래로 드리우고 오른손은 손목을 돌려 앞으로 향하고, 검지와 엄지를 서로 붙잡는다.]

「나모 바아바데 배잉가라야 다타아다야」

諸佛子 由稱離怖畏如來 名號及眞言 加持力故 能令汝等 常得安樂 永離驚怖 自在無畏

여러 불자들이여! 이포외여래의 명호와 진언을 칭한 가지력(加持力)으로 여러분들은 항상 편안함과 즐거움을 얻었습니다. 여러분들은 영원히 놀람과 두려움에서 벗어나 평온한 마음으로 자재하게 될 것입니다.

138

나무감로왕여래
(南無甘露王如來)

[印法 左右二手 轉腕向前 力智作聲]

[수인 작법 : 좌우 두 손은 손목을 돌려 앞으로 향하고, 왼손의 검지(역바라밀)와 엄지(지바라밀)로 소리를 낸다.]

「나모 바아바데 아마리다 라아야 다타아다야」

諸佛子 由稱甘露王如來 名號及眞言 加持力故 能令汝等 免針咽報 得甘露味 成大菩提

여러 불자들이여! 감로왕여래의 명호와 진언을 칭한 가지력(加持力)으로 여러분들은 바늘과 같은 목구멍을 받는 과보를 면하게 되었습니다. 여러분들은 감로미를 얻어 큰 깨달음을 이루게 될 것입니다.

26

설시인연편

(說示因緣篇第二十六)

인연법을 설명하여 보여 주는 편

諸佛子 已爲汝等 稱佛名竟 復爲汝等 稱說妙法

其妙法者 准金光明經云 昔流水長者子 爲十千魚 稱說十二因緣等

法 其十千魚 聞是法已 同日命終 生忉利天中 化爲十千天子 今亦

爲汝稱說 可以志心諦聽 志心諦受

無明緣行 行緣識 識緣名色 名色緣六入 六入緣觸 觸緣受 受緣愛

愛緣取 取緣有 有緣生 生緣老死憂悲苦惱 [三說]

여러 불자들이여! 여러분은 이미 부처님의 명호와 주문의 칭송을 마쳤
으니, 다시 여러분께 묘법을 일러 드리겠습니다.

그 묘법이라는 것에 대하여 『금광명경』에서 말하기를, "옛날 유수장자
(流水長者)의 아들이 일만 마리의 물고기를 위해 십이인연법(十二因緣法)
을 일러 주었다. 그 일만 마리 물고기는 그 법을 듣고는 같은 날 목숨을
마치고 도리천에 태어났는데, 일만의 천자(天子)로 화생하였다."고 합니
다. 지금 또한 여러분들을 위해 십이인연법을 일러 드리니, 지극한 마음
으로 잘 들으시고 지극한 마음으로 잘 받으시기 바랍니다.

'무명(無明)'으로 인연하여 '행(行)'이 있고, '행'으로 인연하여 '식(識)'이 있고, '식'으로 인연하여 '명색(名色)'이 있고, '명색'으로 인연하여 '육입(六入)'이 있고, '육입'으로 인연하여 '촉(觸)'이 있고, '촉'으로 인연하여 '수(受)'가 있고, '수'로 인연하여 '애(愛)'가 있고, '애'로 인연하여 '취(取)'가 있고, '취'로 인연하여 '유(有)'가 있고, '유'로 인연하여 '생(生)'이 있고, '생'으로 인연하여 '노사(老死)'와 우비(憂悲)와 고뇌(苦惱)'가 있느니라. [세 번 한다.]

십이인연진언
(十二因錄眞言)

[印法 二手虛心合掌 如來開蓮花形]

[수인 작법 : 두 손은 허심 합장을 하여 아직 연꽃이 피지 않은 모양이 되게 한다.]

「옴 예달마 혜도 바라바바 혜돈 뎨션 다타아도 햐바다뎨션자유 니로다 이환바디 마하새리마나 사바하」

[三編]

[세 편]

27

선밀가지편
(宣密加持篇第二十七)

진언으로 가지법을 펼치는 편

諸佛子 已爲汝等 稱說法竟 又慮汝等 從業道中來 結業牢固 更有
寃債 未得解脫 再爲汝等 誦滅定業解寃結陀羅尼 次第加持 汝等
諦聽

여러 불자들이여! 이미 그대들을 위해 인연법을 설해 마쳤으나, 또다시
그대들이 업도(業道)를 따라오면서 굳어진 업의 결과로, 다시 원통하고
서럽게도 빚이 되어 해탈하지 못할까 염려됩니다. 다시 그대들을 위해
멸정업다라니와 해원결다라니를 염송합니다. 차례대로 가지(加持)하니
그대들은 잘 들으시기 바랍니다.

멸정업진언

(滅定業眞言)

[印法 二手金剛掌 進力屈二節 禪智押二度上]

[수인 작법 : 두 손은 금강장을 하고 오른손의 검지(정진바라밀)와 왼손의 검지(역바라밀)는 두 마디를 굽혀 오른손의 엄지(선정바라밀)와 왼손의 엄지(지바라밀) 위를 누른다.]

「옴 바라마리 다니 사바하」

[七編]

[일곱 편]

해원결진언
(解寃結眞言)

[印法 二手五指相叉 左押右急把拳 當置頂上]

[수인 작법 : 두 손의 다섯 손가락은 서로 깍지 끼고 왼손으로 오른손을 누르고 급히 주먹을 쥐며 정수리 위에 놓는다.]

「옴 삼다라 가다 사바하」

[七編]

[일곱 편]

28
주식현공편
(呪食現功篇第二十八)

음식에 공덕이 드러나도록 기원하는 편

諸佛子 已憑大衆 念此眞言 定業旣除 冤結已解 今爲汝等 加持變食 施甘露 水輪觀 乳海陀羅尼
化此飮食 便成眞實 爲無量無邊 天仙美味 能令汝等 禪悅爲食 身田潤澤 業火淸凉

여러 불자들이여! 대중이 염송한 이 진언의 가지력(加持力)에 의지하여, 과거에 지은 업에 따라 받게 되는 정업(定業)은 이미 없어졌고 맺힌 원한도 이미 다 풀렸습니다. 이제 여러분들을 위해 변식다라니, 시감로다라니, 수륜관다라니, 유해다라니로 가지합니다.

이 음식이 변화하여 참되고 실하게 되고, 헤아릴 수 없고 한이 없는 천계의 신선이 먹는 맛있는 음식으로 변할 것입니다. 여러분들이 이 선열(禪悅)의 음식을 먹으면 능히 몸은 윤택해지고 업화(業火)[46]는 청량해질 것입니다.

---

46   악업으로 인해 받는 지옥의 맹렬한 불.

변식진언

(變食眞言)

[印法 左手仰掌當心 右手向前竪 中指與大指相捻]

[수인 작법 : 왼손은 손바닥을 우러러 가슴 쪽에 대고, 오른손은 앞을 향해 세워 중지와 엄지는 서로 붙잡는다.]

「나막 살바 다타아다 바로기데 옴 삼바라 삼바라 훔」

[七編]

[일곱 편]

시감로진언
(施甘露眞言)

[印法 左右二手 轉腕向前 二頭指与大母指相捻 餘三指散伸]

[수인 작법 : 좌우 두 손의 손목을 돌려 앞을 향하고, 두 손의 검지와 엄지는 서로 붙이고, 나머지 세 손가락은 흩어 펼친다.]

「나모 소로바야 다타아다야 다냐타 옴 소로소로 바라소로 바라소로 사바하」

[七編]

[일곱 편]

수륜관진언

(水輪觀眞言)

[印法 左手想持器 右手彈忍禪 想左掌中 ॐ字流出 無盡甘露法水
彈洒空中]

[수인 작법 : 왼손에 그릇을 들고 있다고 생각하고, 오른손의 중지와 엄
지를 튕긴다. 왼손바닥에서 범자 '옴'자의 다함없는 감로법수가 유출된
다고 생각하며 공중으로 튕겨 뿌린다.]

「옴 밤 밤 밤 밤」

[七編]

[일곱 편]

유해진언
(乳海眞言)

[印法 二羽相叉 仰掌當拎臍 禪智微相柱]

[수인 작법 : 두 손을 서로 깍지 끼고 손바닥을 위로하여 배꼽에 대고,
두 손의 엄지는 미세하게 서로 떠받친다.]

「나모 사만다 못다남 옴 밤」

[七編]

[일곱 편]

29
고혼수향편
(孤魂受饗篇第二十九)

고혼들이 음식을 흠향하게 하는 편

諸佛子 已爲汝等 誦大威德陀羅尼 能變一食 以爲無量無邊 天人
之食 仍又加持甘露乳海 能化一滴 滿十斛餘 有情食之 便是天仙
所饗 我今持此所呪 甘露法食 平等惠施 汝等佛子
但依如來敎旨 凡聖一觀 卽無高下之想 不得以貴輕賤 倚强凌弱
使施不均 違佛慈濟 可以互相愛敬 無相憎嫉 各各諦聽法音 如法
受食

여러 불자들이여! 이미 여러분들을 위해 대위덕다라니(大威德陀羅尼)를
염송하였으므로, 한 그릇의 음식이 헤아릴 수 없이 많은 천인(天人)들이
먹을 수 있는 음식으로 변화되었습니다. 이어서 또 감로다라니와 유해
다라니로 가지(加持)하여, 한 방울의 물이 열 섬을 채우고도 남을 수 있
도록 변화시켰습니다. 중생계의 음식이 바로 천선계의 향찬이 되었습
니다. 내가 지금 이러한 주문으로 가지하여 감로의 법식을 마련하였으
니, 평등하게 그대 불자들에게 은혜를 베풀 것입니다.
오직 여래의 가르침에 의지하여 범부와 성인을 하나로 본다면, 즉시 높

고 낮다는 생각이 없어질 것입니다. 그렇지 않고 귀한 것으로서 천한 것을 가볍게 보고, 강한 것에 의지해 약한 것을 능멸한다면, 보시가 균등하지 못하게 되어 부처님의 자비로운 구제와는 멀어지게 됩니다. 서로 사랑하고 공경하며 서로 미워하거나 시기하지 말고 각자 법음을 잘 들으시어 여법하게 감로법식을 받으시기 바랍니다.

시귀식진언
(施鬼食眞言)

[印法 二手仰舒八指 小指至腕側相傳各屈 二大指頭拎掌中心着]

[수인 작법 : 두 손을 위로 하여 여덟 손가락을 펴고, 소지는 팔목 옆에 서로 붙이며, 두 손의 엄지 끝을 굽혀 손바닥 중심에 붙인다.]

「옴 바라보다 미마례 삼바바 훔」

보공양진언

(普供養眞言)

[印法 二手合掌 二中指右押左外 相叉縛着手背 二頭指感如寶形]

[수인 작법 : 두 손은 합장하고, 두 중지는 오른쪽이 왼쪽을 밖으로 누르고 서로 깍지 끼어 손등에 붙이고, 두 검지는 등지고 보배 모습같이 한다.]

「옴 아아나 삼바바 바아라 혹」

30
참제업장편
(懺除業障篇第三十)

업장을 참회하게 하는 편

諸佛子 上來加持旣周 布施已訖 想汝離飢渴苦 得喜悅心 將受戒
法 先爲汝等 懺悔多生罪垢 累劫冤愆 各各聞我音聲 隨言後和

我昔所造諸惡業 皆由無始貪瞋癡
從身口意之所生 一切我今皆懺悔

여러 불자들이여! 앞에서 이미 두루 가지(加持)하여 보시를 마쳤으니,
그대들은 굶주림과 목마름의 고통을 떠나 기쁨과 즐거움의 마음을 얻
었다고 생각됩니다. 이제 마땅히 부처님의 계법(戒法)을 받을 수 있도
록, 먼저 여러분들이 다생(多生) 동안 지은 나쁜 행위로 더럽혀진 때와
한없이 길고 긴 세월 동안 지은 원한과 허물을 참회해야 합니다. 각자
제 음성을 듣고 화음을 맞추어 따라 하시기 바랍니다.

제가 지난날 지은 모든 악업은
모두 한없는 과거로부터 탐·진·치로 말미암아

몸과 입과 마음으로 지었사오니
이 모든 것을 제가 지금 참회하옵니다.

참회진언
(懺悔眞言)

[印法 先以右手 大母指捻 中指甲上 餘三指直舒 左手亦同 以右大
母指 押左手大母指甲上 正當心前]

[수인 작법 : 먼저 오른손의 엄지로 중지손톱을 누르고, 나머지 세 손가
락은 똑바로 편다. 왼손 또한 같다. 오른손 엄지로 왼손 엄지손톱을 누
르고, 가슴 앞에 바로 댄다.]

「옴 살바 못자 모지 사다야 사바하」

31

발사홍서편
(發四弘誓篇第三十一)

네 가지 큰 서원을 일으키는 편

諸佛子 已爲汝等 懺業障竟 今更爲汝等 發四弘誓願 十方菩薩 因此明心 三世如來 因此成佛 故今勸發 切須諦信 各各聞我音聲 隨言後和

衆生無邊誓願度 煩惱無盡誓願斷
法門無量誓願學 佛道無上誓願成

여러 불자들이여! 이미 여러분들은 다생겁래(多生劫來)에 지은 업장의 참회를 마쳤습니다. 이제 다시 여러분들은 모든 중생을 제도하고, 모든 번뇌를 끊고, 모든 가르침을 배우고, 최상의 불도를 이루겠다는 서원을 일으켜야 합니다. 시방삼세 보살님들께서도 서원을 일으킴으로 인하여 마음을 밝히시었고, 시방삼세의 여래들께서도 서원을 일으킴으로 인하여 성불을 이루시었습니다. 이러한 까닭에 이제 발원할 것을 권합니다. 마땅히 정성을 다하여 신심을 가지고, 각자 제 음성을 듣고 화음을 맞추어 따라 하시기 바랍니다.

한량없는 중생을 모두 제도하기를 서원합니다.

다함없는 번뇌를 모두 끊기를 서원합니다.

한량없는 법문을 모두 배우기를 서원합니다.

위없이 수승한 불도를 모두 이루기를 서원합니다.

원성취진언
(願成就眞言)

[印法 右手當心仰伸 屈頭指向掌 中指微屈与頭指 相去一寸 大指
邪竪 屈無名指与大指上第一節文相當相去半寸 屈小指頭向掌 過
無名指頭一寸覆 左手無名指直伸 屈頭指爲右中指頭相柱 餘四指
散伸]

[수인 작법 : 오른손은 가슴에 대고 우러러 펴고 검지는 굽혀 손바닥을
향하고, 중지는 미세하게 굽혀 검지와 한 치 정도 떨어지게 하고, 엄지
는 어긋나게 세우며, 무명지는 굽혀 엄지 위 첫째 마디에 댔다가 반 치
정도 서로 띄우며, 소지의 끝은 굽혀 손바닥을 향하며, 무명지 끝 한 치
에서 돌려 덮고, 왼손 무명지는 바로 세워 펴고 검지는 굽혀 오른손 중
지 끝과 서로 받치게 하며, 나머지 네 손가락은 흩어 펼친다.]

「옴 아모가 살바다라 사다야 시볘 훔」

32

사사귀정편
(捨邪歸正篇第三十二)

사교를 버리고 부처님의 정법에 귀의하는 편

諸佛子 已爲汝等 發誓願竟 復爲汝等 受三歸依戒 所以者何 如造
宮室 先固其基 欲受佛戒 先歸三寶 故今勸受 更勿異緣 各各聞我
音聲 隨言後和

歸依佛

歸依法

歸依僧 [三說]

歸依佛兩足尊

歸依法離欲尊

歸依僧衆中尊 [三說]

從今已往 稱佛爲師 更不歸依 邪魔外道

惟願三寶 慈悲攝受

慈愍故 [三字 三說]

歸依佛竟

歸依法竟

歸依僧竟 [三説]

여러 불자들이여! 이미 그대들은 사홍서원의 발원을 마쳤습니다. 다시
여러분들을 위해 삼귀의계(三歸依戒)를 받을 수 있도록 하겠습니다. 까
닭이 무엇이겠습니까? 좋은 집을 지으려면 먼저 그 기초를 견고하게 해
야 하듯이, 부처님의 계법을 받아 지니려면 먼저 삼보자존께 귀의해야
합니다. 이런 까닭에 지금 삼귀의계 수계를 권합니다. 다시는 다른 삿된
가르침과 인연을 맺지 마시기 바랍니다. 각자 제 음성을 듣고 화음을 맞
추어 따라 하시기 바랍니다.

불보에 귀의합니다.
법보에 귀의합니다.
승보에 귀의합니다. [세 번 한다.]
지혜와 복덕을 갖추신 거룩한 부처님께 귀의합니다.
오욕을 끊고 청정으로 이끄는 거룩한 진리의 가르침에 귀의합니다.
화합을 근본으로 하는 거룩한 승가에 귀의합니다. [세 번 한다.]
이미 부처님을 스승으로 삼는다고 칭하였으니, 다시는 삿된 마귀와 외
도에 귀의하지 마십시오.
삼보자존이시어, 오직 원하옵나니 자비로 거두어 주시옵소서.
'자비를 베풀어 가엾게 여겨 주옵소서.' [세 번 한다.]
불보님께 귀의하였습니다.
법보님께 귀의하였습니다.
승보님께 귀의하였습니다. [세 번 한다.]

귀의삼보진언

(歸依三寶眞言)

[印法 左作拳力直竪 右把力 進屈二節柱力度 上如杵形]

[수인 작법 : 왼손은 주먹을 쥐고 왼손 검지(역바라밀)는 바로 세운다. 오른손으로 왼손 검지(역바라밀)를 잡고, 오른손의 검지(정진바라밀)는 두 마디 굽혀 왼손 검지(역바라밀) 위를 금강저와 같이 떠받친다.]

「나모 라다나 다라야야 옴 복 감」

33

석상호지편
(釋相護持篇第三十三)

계의 실상을 해석해 주어 지키게 하는 편

諸佛子 已爲汝等 受三歸竟 復爲汝等 受佛五戒 其五戒者 是一切
如來 平等大戒 過現未來 三世諸佛 皆因此戒 得成正覺
欲受此戒 先須 冥心一境 能所兩忘 住寂滅際 卽有無量諸佛 從頂
門入 墮在藏識
我今當爲汝等 釋其戒相 各自澄心 諦聽諦受 每一條戒相 應問汝
等 能持否汝等當善 答云能持
合道場衆 皆當代彼至 結問處答云能持

第一條 佛戒不殺生
第二條 佛戒不偸盜
第三條 佛戒不邪淫
第四條 佛戒不妄語
第五條 佛戒不飮酒
是五戒相 從今生至盡未來際身於其中間 不得犯 能持不
[答云] 能持

上來五支佛戒——不得犯 能持不

[答云] 能持 [三說]

여러 불자들이여! 그대들은 이미 삼귀의계를 받아 마쳤습니다. 다시 그대들에게 부처님의 오계를 받도록 하겠습니다. 이 오계는 모든 여래께서도 다 같이 수지한 대계(大戒)입니다. 과거·현재·미래 삼세의 모든 부처님께서도 모두 다 이 계로 인하여 정각을 이루시었습니다.

이 계를 받으려면 먼저 마음의 한 경계를 그윽이 하여, 주관과 객관을 모두 떠나 번뇌를 끊고 몸과 마음이 흔들림 없는 고요한 경지에 머물러야 합니다. 그러면 한량없이 많은 부처님이 정수리로 들어와 아뢰야식(阿賴耶識)에 계시게 될 것입니다.

제가 이제 마땅히 그대들에게 계의 실상을 해석해 줄 것이니, 각자 스스로 마음을 맑게 하여 자세히 듣고 잘 수지하시기 바랍니다. 매 조목의 계상마다 '그대들은 능히 지킬 수 있습니까?' 하고 물으면 그대들은 '지킬 수 있습니다.'라고 잘 대답해야 합니다.

도량에 모여 있는 대중도 모두 저들을 대신하여 묻는 곳에 이르면 '지킬 수 있습니다.'라고 대답하여 주시기 바랍니다.

첫 번째, 부처님의 계는 생명을 존엄하게 여길지니, 살아 있는 것을 죽이지 말라.

두 번째, 부처님의 계는 자비를 베풀지니, 주지 않은 것을 가지지 말라.

세 번째, 부처님의 계는 청정을 지킬지니, 부정한 음행을 하지 말라.

네 번째, 부처님의 계는 진실하게 생활할지니, 거짓말을 하지 말라.

다섯 번째, 부처님의 계는 선정을 잃지 말지니, 술을 먹지 말라.

이 오계(五戒)는 금생에서부터 미래세에도 그 몸이 다할 때까지 범해서는 안 됩니다. 능히 지킬 수 있겠습니까?

[화답한다.] 능히 지키겠습니다.

이상의 부처님께서 경계하신 다섯 조목 하나하나를 범하지 않고 지킬 수 있겠습니까?

[화답한다.] 지키겠습니다. [세 번 한다.]

지계진언
(持戒眞言)

[印法 胡跪 右膝着地 擧頭向上 合掌當心 又以二頭指押中指背上
第一節上 二大指各附二頭指側]

[수인 작법 : 호궤하고 우슬착지하여 머리를 들어 위를 향하고, 합장하
여 가슴에 댄다. 두 검지는 두 중지의 첫째 마디 위를 누르고, 두 엄지는
각각 두 검지 옆에 붙인다.]

「옴 살바 바라디목사 하리다야 사바하」

[已上呪 各三編]

[이상의 주 각 세 편]

34
수행육도편
(修行六度篇第三十四)

육바라밀을 수행하게 하는 편

諸佛子 已爲汝等 受佛戒竟 從今已去 入如來位 是眞佛子 從法化生
次爲汝等 准摩詞衍論 復令修習 六種婆羅密多 用資菩提根種

了知心性無着 離慳貪故 隨順修行 檀波羅蜜
了知心性無染 離五欲故 隨順修行 尸波羅蜜
了知心性無苦 離嗔怒故 隨順修行 羼波羅蜜
了知心性無相 離懈怠故 隨順修行 進波羅蜜
了知心性常定 躰無亂故 隨順修行 禪波羅蜜
了知心性躰明 離無明故 隨順修行 慧波羅蜜

여러 불자들이여! 이미 여러분들은 부처님의 오계를 받아 지니기를 마쳤습니다. 지금부터 이미 여래의 지위에 들어갈 참된 불자가 되었으니, 법에 따라 스스로의 업력에 의해 극락세계에 태어날 것입니다.

다음으로 여러분들은 『마하연론(摩詞衍論)』에 의거하여, 다시 보리(菩提)의 근본 종자의 자량(資糧)으로 쓰이는 여섯 가지 바라밀을 닦아 익

히게 할 것입니다.

집착이 없는 참된 마음을 깨달아 알면 인색하고 탐내는 마음을 떠나므로, 본성을 순수하게 따라 보시바라밀을 수행하게 됩니다.

물듦이 없는 참된 마음을 깨달아 알면 오욕을 떠나므로, 본성을 순수하게 따라 지계바라밀을 수행하게 됩니다.

괴로움이 없는 참된 마음을 깨달아 알면 성냄과 노여움을 떠나므로, 본성을 순수하게 따라 인욕바라밀을 수행하게 됩니다.

상(相)은 일정한 모습이 없다는 참된 마음을 깨달아 알면 해이(懈弛)와 태만(怠慢)을 떠나므로, 본성을 순수하게 따라 정진바라밀을 수행하게 됩니다.

항상 안정된 참된 마음을 깨달아 알면 산란함이 없음을 근본으로 하기에, 본성을 순수하게 따라 선정바라밀을 수행하게 됩니다.

지혜를 본바탕으로 하여 참된 마음을 깨달아 알면 모든 괴로움의 근본적인 원인을 떠나므로, 본성을 순수하게 따라 지혜바라밀을 수행하게 됩니다.

35
관행게찬편
(觀行偈讚篇第三十五)

지관법 수행을 찬탄하는 게송 편

諸法從本來 常自寂滅相
佛子行道已 來世得作佛

諸佛兩足尊 知法常無性
佛種從緣起 是故說一乘

是法住法位 世間相常住
於道場知已 導[47]師方便說

有一大經卷 量等三千界
在於一塵內 一切塵亦然

47　무량사판본 道.

有一聰慧人 淨眼悉明見
破塵出經卷 普饒益衆生

佛智亦如是 遍在衆生心
妄想之所纏 不覺亦不知

諸佛大慈悲 令其除妄想
如是乃出現 饒益諸菩薩

非識所能識 亦非心境界
其性本清淨 開示諸衆生

若於一切智 發生迴向心
見心無所生 當獲大名稱

모든 진리는 본래부터
언제나 저절로 고요하고 청정한 모습이네.
불자가 이러한 도를 수행하였으니
내세에는 깨달음을 얻어 붓다를 이루리.

지혜와 복덕을 갖추신 모든 부처님께서는
법은 항상 일정한 성품이 없다는 것을 아시고
불성의 씨앗도 연기임을 아시니
이러한 까닭에 일승의 가르침 설하였다네.

법은 진여[法位]에도 머물러 있고
세간에도 항상 머물러 있다네.
이 도량에서도 이미 잘 알고 계시지만
삼계대도사께서 방편으로 설하시네.

하나의 큰 경전이 있으니
그 양이 삼천대천세계와 같이 많다고는 하나
전체가 하나의 작은 티끌 속에 있으며
모든 작은 티끌도 또한 그와 같다네.

총명하고 지혜로운 한 분이 계시니
청정한 눈으로 모두 다 밝게 보시네.
번뇌 깨는 법 경전 속에 나오니
널리 중생을 풍요롭고 이롭게 하시네.

부처님의 지혜도 또한 이와 같아서
중생의 마음속에 두루 있다네.
그러나 중생은 망상에 얽매여 있어
깨치지 못하고 알지도 못하네.

모든 부처님의 크나큰 자비가
망령된 생각을 없애 주시네.
이와 같이 세상에 출현하시어
여러 보살을 풍요롭고 이롭게 하시네.

식(識)으로 능히 인식할 바가 아니요
또한 마음의 경계도 아니라네.
그 성품이 본래 청정한 것임을
모든 중생에게 열어 보이시네.

만일 일체의 지혜에서
회향하는 마음이 일어난다 해도
마음이 나는 바가 없음을 본다면
마땅히 부처님의 명호를 얻으리다.

36
회향게찬편
(廻向偈讚篇第三十六)

회향을 찬탄하는 게송 편

以我功德力 如來加持力
及以法界力 普供養而住

上供佛法僧 中供天仙神[48]
下及群生類 莫不皆充遍

佛寶受我供 住世莫還源
法寶受我供 流通無間斷

菩薩受我供 度生莫疲厭
二乘受我供 廻心勿退轉

天仙受我供 求佛常精進

48　덕주사판본 中供天仙衆

人類受我供 速發菩提心

三途受我供 息苦發道心
孤魂受我供 稟氣得成形

上來供施福 皆悉普回向
社稷更延遠 佛法永流傳

願以此功德 普及於一切
我等與衆生 皆共成佛道

제가 지은 공덕의 힘과
여래께서 가지(加持)하신 힘과
또한 법계의 힘으로써
널리 부처님과 법계중생에게 공양합니다.

상위의 불보·법보·승보에 공양하고
중위의 천신·선신·호법신께 공양하고
하위의 일체 유정과 귀중에게 베푸니
모두 충족시키고 두루 하지 않음이 없네.

불보님이시여! 저희 공양받으시고
세상에 머물며 본래 자리로 돌아가지 마소서.
법보님이시여! 저희 공양받으시고

세상에 널리 전하여 끊어지지 않게 하소서.

보살님이시여! 저희 공양받으시고
중생제도에 지쳐 싫증 내지 마소서.
성문·연각님이시여! 저희 공양받으시고
세상을 향해 크게 마음을 쓰시어 물러나지 마소서.

천선(天仙)님이시여! 저희 공양받으시고
불도를 구하며 항상 정진하소서.
사람들이여! 저희 공양받으시고
어서 무상의 지혜를 구하려는 마음을 내소서.

지옥·아귀·축생의 유정님이시여! 저희 공양받으시고
삼악도에서 벗어나 불도를 닦으려는 마음을 내소서.
고혼이시여! 저희 공양받으시고
기운을 품부(稟賦) 받아서 다시 몸을 받으소서.

이상의 공양하고 베푼 복들을
모두 다 널리 회향하오니
나라는 새롭게 길이 보전되고
불법(佛法)은 영원토록 널리 퍼져 전해지네.

원컨대 이 공덕이
시방법계에 두루 미치어

저희와 모든 중생들이

모두 다 함께 성불하기를 바라옵니다.

37

봉송육도편
(奉送六道篇第三十七)

육도중생을 배웅해 보내 드리는 편

[門外行]

諸佛子 上來 鴻儀旣畢 能事已圓 我今更爲汝等 說一則法語 切須
采聽 愼莫輕忽
一切衆生 本具性德 乃緣起一妄念 淪沒業坑 非人惱汝 而汝自惱
但知如是 如夢一覺 願天仙則 省貪樂而 發菩提心 人道則 滅三毒
而 頓發靈機 修羅則 捨嗔怒而 坦和慈忍 畜生則 離癡暗而 空諸罪
性 餓鬼則 懺業因而 善脫飢虛 地獄則 悔前非而 遠離燔剉 孤魂則
具形質而 轉生淨域 然後 普將報德之心 莫忘含恩之地
我佛有 奉送陀羅尼 謹當宣念 善保雲程 伏惟珍重

[문밖에서 행한다.]

여러 불자들이여! 앞에서 수륙대재는 이미 마쳤으며, 무차평등은 이미
원만해졌습니다. 제가 이제 다시 그대들을 위하여 한 조목의 법어를 설

하겠습니다. 간절한 마음으로 잘 들으시고, 가볍게 여기거나 소홀하게 여기지 마시기 바랍니다.

일체중생은 본래 여래장(如來藏)을 구족하고 있으나, 한 망념을 일으킴에 따라 업의 구렁텅이에 빠지게 되어, 비인(非人)들이 그대를 괴롭히거나 그대 스스로 그대를 괴롭히는 것입니다. 무릇 여래의 성품은 망념의 꿈을 한번 깨는 것과 같다는 것을 아시고, 천선(天仙)이라면 탐욕을 좋아하는 것을 잘 살펴서 보리심을 내시고, 사람이라면 삼독(三毒)을 없애어 단박에 신령스러운 기틀을 갖추고, 아수라라면 성냄과 어리석음을 벗고 자비와 인욕이 조화로운 너그러움을 갖추고, 축생이라면 어리석음과 무지함을 떠나 모든 죄의 성품이 공(空)함을 알아차리고, 아귀라면 업보의 원인을 참회하여 기아의 배고픔으로부터 아주 벗어나고, 지옥중생이라면 이전에 저지른 잘못을 참회하여 지옥의 고통으로부터 멀리 떠나고, 고혼이라면 형태와 품성을 갖추어 정토에 왕생하기를 발원합니다. 그리고 그대들은 마땅히 공덕에 보답하겠다는 마음을 널리 내어 은혜를 머금고 있는 이 도량을 잊지 마시기 바랍니다.

우리 부처님의 봉송다라니가 있으니 삼가 염송하시기 바랍니다. 머나먼 여정에 몸을 잘 돌보시기를 간절히 바랍니다.

봉송진언

(奉送眞言)

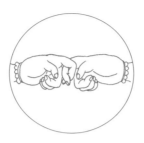

[印法 二手作金剛拳 進力相鈎]

[수인 작법 : 두 손은 금강권을 쥔 상태에서 두 손의 검지를 갈고랑이처럼 건다.]

「옴 바아라 목사 목」

處世間 如虛空 如蓮花 不着水 心淸淨 超於彼 稽首禮 無上尊

歸依佛
歸依法
歸依僧

上來歸依三寶竟 化財功德 奉送 聖凡雲程
滿十方界 [衆和] 和南聖衆

세간에 거처하나 걸림 없는 허공같이
연꽃이 물에 젖지 않는 것과 같이
마음을 청정하게 하여 피안으로 나아가
무상존께 머리 숙여 예배합니다.

불보님께 귀의합니다.
법보님께 귀의합니다.
승보님께 귀의합니다.

앞에서 삼보자존께 귀의하였고 공덕으로 재물을 변화하였으니, 이제
이 도량을 찾았던 사성(四聖)과 육범(六凡)을 구름 길로 봉송하옵니다.
시방법계에 가득하신 [대중은 화음을 맞추어] 성중님께 절하옵니다.

III
—
수설수륙대회소 방소문

修設水陸大會所

榜疏文

1
문방
(門榜)

修設水陸大會所 門榜
[各位 疏榜題目極行 盖聞切以 一字低行書 余例同]

盖聞 始分一氣 中列二儀 動乎天地 唯德而親 感乎神明 由誰而輔
是以 佛垂萬戒 王制千條 孝爲百行之初 仁乃五常之首
今則 壇呈香燭 敎啓圓宗 宗萬靈而光臨 會衆聖而護佑 在乎嚴潔
務以精專 慮防故作悞爲 恐有飮酒食肉 深爲未便苦果 具此壇規
某年 某月 某日榜 秉法沙門 某押

문방(門榜).
[각위(各位)의 소문(疏文)과 방문(榜文)의 제목은 두 자 올려 쓰고, '盖聞',
'切以' 등은 한 자를 내려 쓰는데, 나머지 예는 같다.]

이렇게 들었습니다.
처음에 일기(一氣)가 나뉘어 음과 양으로 벌어져 천지를 움직이니, 오직
덕(德)이 있는 이라야 가까이할 수 있어 천지신명을 감동시킬 수 있으
니 누구로 말미암아 대신할 수 있겠습니까?

그러하기 때문에 부처님께서 온갖 계법(戒法)을 내리시고 제왕(帝王)이 여러 법조(法條)를 제정하였으니, 효(孝)는 모든 행실의 시초가 되고 인(仁)은 오상(五常)의 근본이 됩니다.

이제 지금 단(壇)에 향과 촛불을 바치고 대승의 원만한 교의를 일깨워 가르치니, 만령(萬靈)의 광림을 우러러 받들 것이며 많은 성현이 보호하고 도우실 것입니다. 도량을 장엄하고도 정결하게 하는 데 오로지 정성으로 힘을 쓰고, 의식이 잘못되지 않을까 염려하여 방비하였습니다. 모든 것을 준비하며 계율에서 벗어남이 있을까 두려워하고, 잘못 설행함으로 인해 받는 과보의 괴로움을 알기에 이 단의 규식을 엄정히 갖추었습니다.

모년 모월 모일의 방문 병법사문 아무개 서명

2
단방
(壇榜)

修設水陸大會所 壇榜

盖聞 如來金地 是人天遊履之場 無礙壇中乃 聖賢往來之處 龍天守護 土地嚴持 河沙三寶摠來臨 法界六師俱赴會

勿得損洟涕唾 定招醜陋之旦 休令偃仰看經 決感耳聾之報 乱人聽受 說法不聞 畜生異類果非輕 梁武懺中明異說

旣來此地 務以精專 慮防故作愳爲 恐有飲酒食肉 深爲未便 寔可不然

若非榜示於壇前 且恐冒瀆於眞宰 故玆戒勗 宜自勤之 不唯現獲灾殃 亦乃當招苦果

右榜於壇所告示 諸人各令知悉

某年 某月 某日榜 秉法沙門 某押

단방(壇榜).

이렇게 들었습니다.

여래께서 계시는 도량은 인천(人天)이 왕래하는 곳이며, 한정함이 없는 수륙도량의 각 단은 성현이 왕래하는 곳이라 들었습니다. 수륙도량은 팔부신장이 수호하고 토지신이 엄하게 지켜 내니, 항하의 모래알 수처

187

럼 많은 삼보자존께서 강림하시지만, 육사외도(六師外道)도 재회에 함께 온다고 들었습니다.

몸을 정결하게 하는 것은 누추한 원인을 바로잡으려는 것이며, 독경을 엎드려 우러러 기뻐하는 것은 귀머거리의 과보를 끊기 위함입니다. 소란을 일으켜 부처님의 가르침을 잘 받아 지니려는 이들로 하여금 설법을 잘 듣지 못하게 하는 것은 그 과보가 가볍지 않아 축생 등 이류의 과보를 받는다고 하였습니다. 양 무제의 참법 가운데 이류의 과보에 대한 설명을 자세히 밝히고 있습니다.

이 법회에 참여하신 분은 이미 수륙도량에 오셨으니 오로지 정성에 힘을 쓰고, 잘못하지 않을까 염려하며 계율을 지키지 못할까 근신해야 할 것입니다. 불편함이 오래갈 듯해도 참으로 그런 것은 아닙니다.

만약 이러한 사실을 방문으로 써서 단 앞에 내걸어 알려 주지 않는다면, 장차 하늘의 신령을 모독하는 일이 생기지 않을까 두렵습니다. 이렇듯 계율에 힘써야 하는 것은 마땅히 이승에서 재앙을 얻지 않을지라도 당래에 고과(苦果)를 부르는 것으로 이어질까 염려해서입니다.

위의 방문을 단에 내걸어 여러 사람에게 알려 각자 모두 알 수 있도록 하십시오.

모년 모월 모일 방문 병법사문 아무개 서명

3
욕실방
(浴室榜)

修設水陸大會所 浴室榜

切以 甘露香湯 洗滌多生之罪垢 淸凉法水 蕩除累劫之塵勞 浴解
脫池 滌幻化躰 身業淸淨 可以禮奉如來 妙觸宣明 自是法身無垢
從玆洗過 不染塵埃 離熱惱鄕 居眞淨界

右今 出榜於浴堂所張掛 曉諭幽冥者 然今召請幽冥入浴 乃是神識
業相之軀 非是屍骸魂魄之躰 離男女相 從分段身 捨虛妄情 獲光
明相

沐浴已竟 隨梵音聲 詣於道場 參禮聖容 求受佛記

某年 某月 某日榜 秉法沙門 某押

욕실방(浴室榜).

가만히 생각해 보니, 감로의 향탕은 다생(多生)의 죄업을 씻어 내고, 청
량한 법수는 누겁(累劫)의 번뇌를 없애 줍니다. 해탈의 연못에서 목욕하
여 허깨비 같은 육신을 깨끗하게 씻어 내야 합니다. 신업이 청정해야 여
래께 예를 올릴 수 있으며, 신묘한 감동을 분명하게 느낄 수 있습니다.
본래 법신은 청정하기 때문에 그 허물을 씻을 수 있는 것입니다. 세속의
더러움에 물들지 않아야 번뇌의 고향을 여의고 진정한 정계(淨界)에 머

물게 됩니다.

이제 위와 같이 욕당(浴堂)에 방문을 써서 내거는 것은 유명계에 있는 자들이 잘 알아듣도록 타이르기 위함입니다. 지금 유명계를 불러 목욕하기를 청하는 것은 영혼의 업상(業相)의 몸이지, 시해(屍骸) 혼백의 몸이 아닙니다. 남녀라는 상(相)을 떠나 업인에 따라 받은 범부의 몸을 따르십시오. 허망한 정을 버리고 광명의 상(相)을 얻으시기 바랍니다.

목욕을 다 마치고 나면 범패 소리를 따라 도량으로 나아가, 성인의 용안을 뵈옵고 예배를 드리고 부처님께 수기(受記) 받기를 구하시기 바랍니다.

모년 모월 모일 방문 병법사문 아무개 서명

4

간경방
(看經榜)

修設水陸大會所 看經榜

夫 自未得度 先度他者 菩薩發心 自覺已圓 能覺他者 如來應世 衆
生昧於自性 六度輪廻 諸佛出現世間 示其法要

請諸四衆 誦覺皇之秘典 用作津梁 持密藏之眞詮 普伸濟度 出生
死之苦海 乘般若之慈航 脫長夜之幽關[49] 登菩提之彼岸今具四衆
課誦金文 品目開列于后

圓覺修多羅了義經

普賢菩薩行願品經

金剛般若波羅密經

大乘梵網菩薩戒經

稱讚淨土阿弥陀經

般若波羅蜜多心經

大白傘盖大陀羅尼

49　덕주사판본 무량사판본 開.

191

成佛隨求大陀羅尼
佛頂尊勝大陀羅尼
無礙[50]大悲心大陀羅尼

右仰備榜 開列在前 今日某寺內 利他法緣 當來龍華會中 盡同授
記者
某年 某月 某日榜 秉法沙門 某押

간경방(看經榜).
무릇 자신은 제도(濟度)받지 못하더라도 먼저 다른 사람을 제도하고자
하는 것은 보살의 발심(發心)이요, 스스로 원만히 깨닫고서 능히 다른
사람을 깨닫게 하는 것은 여래께서 세상에 나투신 까닭입니다. 중생은
자성(自性)이 어두워 육도를 윤회하므로, 여러 부처님이 세간에 출현하
여 그 법요(法要)를 보이시었습니다.
모든 사부대중에게 청하나니, 각황(覺皇)의 비전(秘典)을 염송하여 열반
의 언덕으로 건너가는 진량(津梁)으로 쓰이게 하고, 비밀히 감추어 둔
진전(眞詮)을 가지고 제도(濟度)를 널리 펴시기 바랍니다. 생사의 고해
를 떠나 반야의 자항(慈航)을 타고, 긴 밤의 어두운 관문을 벗어나 보리
의 피안에 이르시게 될 것입니다. 이제 사부대중에게 경전을 염송할 것
을 부과합니다. 제목은 아래에 있습니다.

50　덕주사판본 무량사판본 礙, 갑사판본 碍, 견성사판본 㝵.

원각수다라요의경

보현보살행원품경

금강반야바라밀경

대승범망보살계경

칭찬정토아미타경

반야바라밀다심경

대백산개대다라니

성불수구대다라니

불정존승대다라니

무애대비심대다라니

위에 방을 붙였고 독경해야 할 경전의 제목도 앞에서와 같이 열거했습니다. 오늘 모(某) 절에서 이타행(利他行)을 닦은 법회의 인연으로 미래세의 용화회상(龍華會上)에서 다 함께 성불의 수기를 받으실 것입니다. 모년 모월 모일 방문 병법사문 아무개 서명

5
소청사자소
(召請使者疏)

修設水陸大會所 召請使者疏

聞 金人垂相 示中土之化身 玉敎流慈 愍南洲之劣輩 然凡情詎[51]通
聖意 況俗躰難造幽關[52] 雖欲請召聖賢 必先假扵使者

由是 卽有大檀信 某甲 [伏爲某人] 謹命秉法闍梨一員 及僧一壇
以今月 某日 就扵某寺開置 天地冥陽水陸道場 約一夜 揚幡發牒
結界建壇 嚴備香花燈燭 茶果珎食 供養之儀

召請 今年今月今日今時 奉敎靈聰 持符使者 伏願 聞玆虔請 望賜
光臨 謹具芳銜 伸聞于后

[各位上加 一心奉請]

年直四天使者

月直空行使者

日直地行使者

時直琰魔使者

51　덕주사판본 무량사판본 詎.

52　덕주사판본 무량사판본 開.

右伏以 聰明有感 正直無私 握寶刀而 衣綉霓裳 橫鉞斧而 兒彰玉
彩 威神莫測聖力難思 不違有命之期 允副無私之望
今年今月今時 幸丐神慈同垂光臨
仰惟 聖鑑俯察愚哀 謹疏
某年 某月 某日 疏 秉法沙門 某押

소청사자소(召請使者疏).

들자옵건대, 부처님께서 모습을 드리워 중토(中土)에 화신을 보이시고
귀중한 가르침을 널리 펴신 자비함은 남섬부주의 용렬한 무리들을 불
쌍하게 여기셨기 때문이라 들었습니다. 그러나 범부중생의 분별심으로
어찌 성스러운 뜻을 알 수 있겠습니까. 하물며 속계 인간의 몸으로 저승
의 관문에 들어갈 수도 없습니다. 그러므로 시방법계의 여러 성현과 명
도의 중생을 청하고자 먼저 사자님의 힘을 빌리고자 합니다.
이러한 일로 크게 보시바라밀을 수행하는 아무개는 [엎드려 누구를 위
해] 삼가 병법 스님과 아사리 스님과 대중 스님들을 모시고 모월 모일
모 사찰에서 천지명양수륙도량을 열었습니다. 하룻밤에 걸쳐 번(幡)을
드날리고 첩문(牒文)을 발송하고 결계를 하여 단을 세우고, 향화(香花)·
등촉(燈燭)·다과(茶果)·진식(珍食)을 갖추어 공양 의식을 엄숙하게 준비
하였습니다.
금년 금월 금일 금시에 영총(靈聰)한 가르침을 받들어 부절(符節)을 지니
신 사자님을 청하옵니다. 엎드려 바라옵건대, 정성스럽게 청함을 들으
시고 이 도량에 광림하여 주시기를 바랍니다. 삼가 존함을 갖추어 사
자님께 아뢰옵니다.

일심으로 연(年)을 담당하신 사천사자를 받들어 청하옵니다.

일심으로 월(月)을 담당하신 공행사자를 받들어 청하옵니다.

일심으로 일(日)을 담당하신 지행사자를 받들어 청하옵니다.

일심으로 시(時)를 담당하신 염마사자를 받들어 청하옵니다.

총명하시어 감응하시고 정직하시어 불공평함이 없으신 사자님께 엎드려 바라옵니다. 사자님께서는 보도(寶刀)를 잡으시고 비단으로 만든 신선의 옷을 입으시고, 부월(斧鉞)을 비껴들고 용모는 옥처럼 빛나십니다. 사자님의 위신(威神)은 측량할 수 없고, 성스러운 힘은 헤아리기 어렵습니다. 사자님께서는 명(命)받은 기약은 어기지 않으시며, 사사로운 원망(願望)이 없으시어 성실하게 잘 도와주십니다.

금년 금월 금일 금시에 신통력과 자비를 드리우사 다 함께 이 도량에 광림하여 주시기 바랍니다.

우러러 성스러운 식견으로 어리석은 충정을 두루 굽어 살펴 주시길 바라오며 삼가 글을 올립니다.

모년 모월 모일 소문 병법사문 아무개 서명

6

오로소
(五路疏)

修說水陸大會所 五路疏[53]

切以 大方無隅 初不分於彼此 七鑿旣乖 遂有間於邅邅 其疆界之
互分 有神祇而各主 先當開通五路 後乃召於萬靈

于夜 卽有大檀信 某甲 [伏爲某事] 今則 道場已啓 佛事方陳 如將
召請神祇 致疏首先告請 伏望 聖慈同垂光降

[各位上加 一心奉請]

東方勾芒輔弼 大皡之君

南方祝融輔弼 炎帝之君

西方蓐收輔弼 少皡之君

北方玄冥輔弼 顓頊之君

中方黎簾輔弼 黃帝之君

右伏以 五方五帝 五位神祇 同諸天 大慈大悲 普濟沉淪之苦 俾六
道無遮無礙 廣開方便之門 干冒神慈 和南謹疏

53   갑사판본 견성사판본 開通五路疏

오로소(五路疏).

가만히 생각하니, 넓고 넓은 우주는 경계가 없어 처음에는 피안과 차안이 나뉘지 않았습니다. 일곱 개의 감각기관이 갖추어지자 혼돈(渾沌=混沌)이 사라져 먼 곳과 가까운 곳이 구별되었으며, 그 경계가 서로 구분되며 하늘과 땅의 신기(神祇)가 각각 주재하게 되었습니다. 먼저 마땅히 다섯 갈래 길을 열어 놓은 다음, 하늘과 땅의 온갖 신령(神靈)을 초청하고자 합니다.

오늘 밤 크게 보시바라밀을 수행하는 아무개는 [어떤 일을 위해 엎드려 절하옵니다.] 이제 무차평등의 수륙도량은 이미 열렸고, 불사는 바야흐로 펼쳐질 것입니다. 장차 신기(神祇)를 청하기 위하여 먼저 소문(疏文)을 올려 청함을 고(告)하나이다. 엎드려 바라옵건대, 거룩한 자비를 베푸시어 모두 함께 광림하여 주시기 바라옵니다.

일심으로 동방세계의 구망보필 태호지군을 받들어 청하옵니다.
일심으로 남방세계의 축융보필 염제지군을 받들어 청하옵니다.
일심으로 서방세계의 욕수보필 소호지군을 받들어 청하옵니다.
일심으로 북방세계의 현명보필 전욱지군을 받들어 청하옵니다.
일심으로 중방세계의 여럼보필 황제지군을 받들어 청하옵니다.

이상과 같은 오방(五方)의 오제(五帝)와 오위(五位)의 신기(神祇)님께 엎드려 바라옵니다. 삼계의 모든 하늘에 대자대비를 드리워 육도윤회의 고해에 빠져 있는 중생을 널리 구제하는 법회를 열고자 합니다. 오제께서는 육도를 윤회하는 중생이 막힘없고 걸림이 없도록 방편의 문을 활짝 열어 주시기 바라옵니다. 외람되오나 오제의 신통과 자비를 구하고자 삼가 글을 올리옵니다.

모년 모월 모일 소문 병법사문 아무개 서명

7
상위소
(上位疏)

修說水陸大會所 上位疏[54]

伏聞 法身無相 乃卽相以求眞 實相忘言 仗金言而詮顯 是以 三祇
行滿 五位[55] 曰圓 應群機而 月印千江 赴信心而 春行萬國 有祈皆
應 無願不從

于夜 卽有大檀信 某甲 [伏爲某人] 是以 謹命秉法 闍梨一員 及僧
一壇 以今月某日 就扵某寺 建置天地冥陽水陸道場 約一夜 揚幡
發牒 結界建壇 嚴備香花燈燭 茶果珎食 供養之儀

謹持 黃道召請 十方法界 過現未來 常住三寶 諸佛菩薩 五果四向
一切僧伽耶衆

謹具稱揚 迎請于后[56]

[各位上加 一心奉請]
十方常住一切佛陀耶衆

---

54 덕주사판본 召請上位疏

55 자량위(資糧位)·가행위(加行位)·통달위(通達位)·수습위(修習位)·구경위(究竟位).

56 갑사판본 後.

十方常住一切達摩耶衆

十方常住一切僧伽耶衆

十方常住一切大菩薩衆

十方常住一切緣覺僧衆

十方常住一切聲聞僧衆

右伏以 佛恩周庇 不違有感之心 法力難思 能濟無邊之衆

伏乞 覺天金相 慈光普照扵凡情 空界眞靈 威德感通扵此地 今修

淨供 望賜哀怜 出之光臨

和南謹疏

某年 某月 某日 疏 秉法沙門 某押

상위소(上位疏).

삼가 듣자오니, 진실한 법신(法身)은 허공과 같아서 상(相)이 없으나, 세간의 중생을 위하여 화신(化身)으로 나투셨으니 상(相)으로 진(眞)을 구(求)한다 들었습니다. 실상(實相)은 말로 설명할 수 없으나, 부처님께서도 중생을 위하여 말씀으로 그 모습을 드러내셨습니다. 따라서 법신을 말로써 표현하자면 오랜 세월 동안 수행하여 등각위(等覺位)에서 무명의 번뇌를 모두 끊고 서원과 수행을 완성하신 자리입니다. 오위(五位)마다 인행(因行) 원만하고 과위(果位)에 오묘함 가득하시어 중생의 근기에 따라 상응하심이 마치 달빛이 천 개의 강에 비치는 것과 같습니다. 신심으로 나아가면 봄기운이 온 누리에 가득한 것처럼 기도마다 모두 응하시어 원(願)함이 있는 곳에 따르지 않음이 없다고 들었습니다.

오늘 밤 크게 보시바라밀을 수행하는 아무개는 [엎드려 누구를 위해]

삼가 병법 스님과 아사리 스님과 대중 스님들을 모시고 모월 모일 모 사찰에서 천지명양수륙도량을 열었습니다. 하룻밤에 걸쳐 번(幡)을 드날리고 첩문(牒文)을 발송하고 결계를 맺고 단을 세우고, 향화(香花)·등촉(燈燭)·다과(茶果)·진식(珍食) 등을 갖추어 공양 의식을 엄숙하게 준비하였습니다.

삼가 하늘 길로 시방법계의 과거·현재·미래에 상주하시는 삼보자존과 모든 불보살님, 오과(五果)[57]·사향(四向)[58]의 모든 승가의 대중이시여! 삼가존경을 갖추어 맞이하고자 아래와 같이 명호를 갖추어 청하옵니다.

일심으로 시방세계에 항상 머무시는 모든 불타야중을 받들어 청하옵니다.

일심으로 시방세계에 항상 머무시는 모든 달마야중을 받들어 청하옵니다.

일심으로 시방세계에 항상 머무시는 모든 승가야중을 받들어 청하옵니다.

일심으로 시방세계에 항상 머무시는 모든 대보살중을 받들어 청하옵니다.

일심으로 시방세계에 항상 머무시는 모든 연각승중을 받들어 청하옵니다.

일심으로 시방세계에 항상 머무시는 모든 성문승중을 받들어 청하옵니다.

---

57 등류과(等類果)·이숙과(異熟果)·사용과(士用果)·증상과(增上果)·이계과(離繫果).

58 수다원(須陀洹, 預流)·사다함(斯陀含, 一來)·아나함(阿那含, 不還)·아라한(阿羅漢, 無學道).

위와 같이 엎드려 청했습니다. 부처님의 은혜는 두루두루 미쳐서 중생의 마음을 어기지 않으시고, 부처님의 법력(法力)은 생각하기조차 어려우니 한없이 많은 중생을 모두 제도하십니다.

엎드려 바라옵건대, 깨달음의 황제이시며 하늘 가운데 가장 높은 하늘이신 부처님께서는 자비로운 광명으로 육범의 중생들을 두루두루 비추어 주시고, 공계(空界)의 진령(眞靈)은 위엄과 덕망으로 이 땅에 감통하여 주시기 바라옵니다. 이제 정찬으로 공양을 올리오니, 가엾게 여기시고 잠시 선정에서 나오시어 광림하여 주시기를 바라옵니다.

삼가 머리 숙여 글을 올리옵니다.

모년 모월 모일 소문 병법사문 아무개 서명

8

중위소
(中位疏)

修說水陸大會所 中位疏

切以 光潔自在 迺得天稱 修行延生 故獲仙号 不示聲容 祈之應謂
神 不形運用 祝之通謂聖 尙建方而立境 猶列土以分疆 斯建法筵
敢依聖造

于夜卽有大檀信 某甲 [伏爲某人] 謹命秉法闍梨一員 及僧一壇 以
今月某日 就扵某寺 開峙天地寅陽水陸道場 約一夜 揚幡發牒 結
界立壇 嚴備香花燈燭 茶果珎食 供養之儀

謹持黃黑二道 召請天仙地祇寅府官僚等衆

伏願 光臨勝會 贊助法筵 謹具芳銜 伸聞于后⁵⁹

[各位上加 一心奉請 法界一切 之言]

四空天衆

十八天衆

六欲天衆

59 갑사판본 後.

日月天衆

諸星君衆

五通仙衆

諸金剛衆

八部神衆

諸龍王衆

阿修羅衆

大藥叉衆

矩畔拏衆

羅利婆衆[60]

鬼子母衆

大河王衆

大山王衆

幽顯神衆

諸冥王衆

泰山府君

諸獄王衆

諸判官衆

諸鬼王衆

諸將軍衆

諸卒吏衆

右具如前 伏乞 天仙地祇 冥府官僚等衆 希降聖慈 望垂靈造 上禀
如來之勅 下愍檀信之心
早布龍旌 速排鳳輦 幸母叱阻 咸率臣僚 願赴聖壇 廣施妙用
僧某 冒犯靈威 無任懇禱 激切之至 具狀申聞 伏祈聖鑑
謹疏
某年 某月 某日 疏 秉法沙門 某押

중위소(中位疏).

가만히 생각해 보니, 맑은 광명이 자재하여 이에 하늘이라는 이름을 얻
었으며, 수행으로 얻은 장구한 삶이기에 신선이라는 칭호를 얻었습니
다. 소리나 형용(形容)으로 드러내지는 않으나 기도에 응하시기에 신령
스럽다 하며, 운용(運用)을 드러내지는 않으나 축원에 감통하시기에 성
인이라 합니다. 법계의 끝이 없음이 오히려 경계를 세우게 하였고, 예토
와 정토를 배열한 것이 오히려 국토를 나누게 되었습니다. 이렇게 예토
에서 무차평등의 법연(法筵)을 여는 것은 감히 성인의 가르침에 의지하
기 위함입니다.

이 밤에 크게 보시바라밀을 수행하는 아무개는 [엎드려 누구를 위해]
삼가 병법 스님과 아사리 스님과 대중 스님들을 모시고 모월 모일 모 사
찰에서 천지명양수륙도량을 열었습니다. 하룻밤에 걸쳐 번(幡)을 드날
리고 첩문(牒文)을 발송하고 결계를 맺고 단을 세우고, 향화(香花)·등촉
(燈燭)·다과(茶果)·진식(珍食) 등을 갖추어 공양 의식을 엄숙하게 준비
하였습니다.

삼가 하늘의 길인 황도(黃道)와 땅의 길인 흑도(黑道), 두 길을 가지고 천
선(天仙)과 지기(地祇), 명부의 관료 등을 청하옵니다.

엎드려 바라옵건대, 이 수륙승회에 광림하시어 법연을 도와주시길 바라옵니다. 삼가 존함을 갖추어 아래와 같이 아뢰옵니다.

일심으로 시방법계의 모든 사공천중을 받들어 청하옵니다.
일심으로 시방법계의 모든 십팔천중을 받들어 청하옵니다.
일심으로 시방법계의 모든 육욕천중을 받들어 청하옵니다.
일심으로 시방법계의 모든 일월천중을 받들어 청하옵니다.
일심으로 시방법계의 모든 제성군중을 받들어 청하옵니다.
일심으로 시방법계의 모든 오통선중을 받들어 청하옵니다.
일심으로 시방법계의 모든 제금강중을 받들어 청하옵니다.
일심으로 시방법계의 모든 팔부신중을 받들어 청하옵니다.
일심으로 시방법계의 모든 제용왕중을 받들어 청하옵니다.
일심으로 시방법계의 모든 아수라중을 받들어 청하옵니다.
일심으로 시방법계의 모든 대약차중을 받들어 청하옵니다.
일심으로 시방법계의 모든 구반나중을 받들어 청하옵니다.
일심으로 시방법계의 모든 나찰바중을 받들어 청하옵니다.
일심으로 시방법계의 모든 귀자모중을 받들어 청하옵니다.
일심으로 시방법계의 모든 대하왕중을 받들어 청하옵니다.
일심으로 시방법계의 모든 대산왕중을 받들어 청하옵니다.
일심으로 시방법계의 모든 유현신중을 받들어 청하옵니다.
일심으로 시방법계의 모든 제명왕중을 받들어 청하옵니다.
일심으로 시방법계의 모든 태산부군을 받들어 청하옵니다.
일심으로 시방법계의 모든 제옥왕중을 받들어 청하옵니다.
일심으로 시방법계의 모든 제판관중을 받들어 청하옵니다.

일심으로 시방법계의 모든 제귀왕중을 받들어 청하옵니다.
일심으로 시방법계의 모든 제장군중을 받들어 청하옵니다.
일심으로 시방법계의 모든 제졸리중을 받들어 청하옵니다.

이상과 같은 성중님께 엎드려 바라옵니다. 천선(天仙)과 지기(地祇), 명부의 관료들이시여! 바라옵건대, 성스러운 자비를 내려 주시고 신령스런 조화를 드리워 주시길 원하옵니다. 위로는 여래의 칙명을 받으시고 아래로는 단월의 마음을 불쌍히 여기어 주시기 바라옵니다.
서둘러 용정(龍旌)을 펼치고 봉연(鳳輦)을 준비하였사오니, 질책하거나 나무라지 말아 주시기 바라옵니다. 거느리고 있는 신료들 모두 이 가마를 타시고 성스러운 수륙도량의 정단으로 오시어 신묘한 작용을 널리 베풀어 주시기 바라옵니다.
출가사문 아무개는 천선신의 신령스러운 위엄에 어긋남을 무릅쓰더라도 간절하게 기도하는 방법밖에 없어 간절한 마음을 담은 소문을 갖추어서 아뢰오니, 성현께서 감응해 주시길 엎드려 기도합니다.
삼가 글을 올리옵니다.
모년 모월 모일 소문 병법사문 아무개 서명

9
하위소
(下位疏)

修說水陸大會所 下位疏

切以[61] 孤魂獨處 四時無享祭之儀 衆苦長嬰 千載乏薦修之理 無依

無怙 有怖有驚 不憑薦拔之功 難得超昇之路

次及 三途滯魄 八難沉魂 其因也 縱一寸心 其果也 感百千刼 斯殃

斯苦 難忍難當 不假慈悲 無由解脫

由是 即有大檀信 某甲 [伏爲某事] 謹命秉法闍梨一員 及僧一壇

擇取今月 某日 就於某寺 開峙天地宾陽水陸道場

約一夜 揚幡發牒 結界建壇 安置香浴 焚化魂衣 豎立無礙錢山 廣

設無遮斛食 別備香花燈燭 茶果珍食 祭享之儀 召請 三途滯魄 十

類孤魂等衆

伏願 承佛神力 降臨道場 謹仗加持 鈎召于后

一心奉請 法界一切 古今世主文武官僚靈魂等衆

一心奉請 法界一切 列國諸候忠義將帥孤魂等衆

---

61 갑사판본 竊以.

209

一心奉請 法界一切 守彊⁶²護界官僚兵卒孤魂等衆

一心奉請 法界一切 朝野差除內外赴任孤魂等衆

一心奉請 法界一切 從軍將帥持節使臣孤魂等衆

一心奉請 法界一切 山間林下圖仙學道孤魂等衆

一心奉請 法界一切 遊方僧尼道士女冠孤魂等衆

一心奉請 法界一切 道儒二流佩籙赴擧孤魂等衆

一心奉請 法界一切 師巫神女散樂伶官孤魂等衆

一心奉請 法界一切 經營求利客死他鄉孤魂等衆

一心奉請 法界一切 非命惡死無怙無依孤魂等衆

一心奉請 法界一切 尊卑男女萬類群分孤魂等衆

一心奉請 法界一切 胎卵濕化羽毛鱗介傍生道衆

一心奉請 法界一切 針咽巨口⁶³大腹臭毛餓鬼道衆

一心奉請 法界一切 根本近邊及與孤獨地獄道衆

一心奉請 法界一切 六道傍來杳杳冥冥中陰界衆

右伏以 心珠本淨 六塵蒙般若之光 慧鑑圓明 八垢昧菩提之相 由
是 四生出沒 諸趣沉淪 不憑我佛慈悲 難使孤魂度脫 法筵難遇 勝
會斯逢 猛省前非 廻光返照

謹疏

某年 某月 某日 疏 秉法沙門 某押

62　彊의 오자로 본다.

63　炬口餓鬼의 오자로 본다.

210

하위소(下位疏).

가만히 생각해 보니, 고혼(孤魂)은 홀로 있으니 사시(四時)의 제사 의식을 받을 수 없어 중생의 고통이 갈수록 더해 갑니다. 오랜 세월 동안 추천(追薦)의 제수(祭需)를 올리는 일이 없어서 의지할 곳도 기댈 곳도 없으니, 두려움에 떨며 혼란에 빠져 있습니다. 천발(薦拔)의 공덕에 의지할 수 없으니 초승(超昇)의 길을 얻기 어렵습니다.

그리고 삼악도(三惡道)에 막혀 있는 백(魄)과 팔난(八難)에 빠져 있는 혼(魂)이 있으니, 그 원인은 한 순간이라도 마음을 놓은 것이고 그 결과는 긴 세월 동안 업의 과보를 통감하는 것입니다. 이 재앙과 이 고통은 참아 내고 감당하기 어려우니 자비에 의지하지 않는다면 벗어날 길이 없습니다.

이러한 까닭에 크게 보시바라밀을 수행하는 아무개는 [엎드려 누구를 위해] 삼가 병법 스님과 아사리 스님과 대중 스님들을 모시고 모월 모일 모 사찰에서 천지명양수륙도량을 열었습니다.

하룻밤에 걸쳐 번(幡)을 드날리고 첩문(牒文)을 발송하고 결계를 맺고 단을 세우고, 향욕실(香浴室)을 안치하고 혼의(魂衣)를 태우며, 걸림 없는 전산(錢山)을 세우고 막힘없는 곡식(斛食)을 널리 진설하였습니다. 별도로 향화(香花)·등촉(燈燭)·다과(茶果)·진식(珍食)을 갖추어 제향(祭享)의 의식을 준비하여, 삼악도에 막혀 있는 백(魄)과 십류(十類)의 고혼 등을 초청합니다.

엎드려 바라옵건대, 부처님의 위신력(威神力)을 받으시어 이 도량에 강림하여 주시기 바랍니다. 삼가 가지(加持)에 의지하여 아래의 중생들을 하나하나 부르겠습니다.

일심으로 시방법계에서 과거부터 현재까지 세주(世主)와 문무 관료 등 모든 영혼들을 받들어 청하옵니다.

일심으로 시방법계 열국(列國)의 제후와 충의 장수 등 모든 고혼들을 받들어 청하옵니다.

일심으로 시방법계에서 강계(疆界)를 수호하던 관료와 병졸 등 모든 고혼들을 받들어 청하옵니다.

일심으로 시방법계의 조정(朝廷)과 재야(在野)에서 벼슬을 하여 내외로 부임한 모든 고혼들을 받들어 청하옵니다.

일심으로 시방법계에서 전쟁터로 나가던 장수와 부절을 지닌 사신 등 모든 고혼들을 받들어 청하옵니다.

일심으로 시방법계의 산중의 숲속에서 선도(仙道)를 배우고 닦던 모든 고혼들을 받들어 청하옵니다.

일심으로 시방법계에서 사방을 떠돌던 불교의 승니(僧尼)와 도교의 남녀 도사 등 모든 고혼들을 받들어 청하옵니다.

일심으로 시방법계에서 도교와 유교 두 종류로 벼슬을 하거나 과거를 준비하던 모든 고혼들을 받들어 청하옵니다.

일심으로 시방법계에서 신을 섬기던 무녀와 음악을 담당하던 악사 등 모든 고혼들을 받들어 청하옵니다.

일심으로 시방법계에서 이익을 구하기 위해 장사를 하며 떠돌다 타향에서 객사한 모든 고혼들을 받들어 청하옵니다.

일심으로 시방법계에서 수명을 다하지 못하고 험하게 죽거나 의지할 곳도 기댈 곳도 없는 모든 고혼들을 받들어 청하옵니다.

일심으로 시방법계의 남녀를 가리지 않고 지위나 신분이 높거나 낮거나 관계없이 중생계의 모든 고혼들을 받들어 청하옵니다.

일심으로 시방법계의 태생, 난생, 습생, 화생과 날개 달린 것, 털이 난 것, 비늘이 있는 것, 껍질이 딱딱한 것 등 모든 방생(傍生)의 무리를 받들어 청하옵니다.

일심으로 시방법계의 침인귀(針咽鬼)·거구귀(炬口鬼)·대복귀(大腹鬼)·취모귀(臭毛鬼) 등 모든 아귀(餓鬼) 무리를 받들어 청하옵니다.

일심으로 시방법계의 근본지옥(根本地獄)·근변지옥(近邊地獄)·고독지옥(孤獨地獄) 등 모든 지옥중생을 받들어 청하옵니다.

일심으로 시방법계의 육도(六道)를 떠돌며 아득하고도 어두운 중음계(中陰界)의 모든 무리를 받들어 청하옵니다.

위와 같이 엎드려 청하옵니다. 심주(心珠)는 본래 청정하나 육진(六塵)이 반야의 빛을 어둡게 하고, 혜감(慧鑑)은 원명(圓明)하나 팔구(八垢)가 보리(菩提)의 상(相)을 어둡게 합니다. 이로 말미암아 사생(四生)을 드나들며 육도윤회에 빠지게 되었습니다. 우리 부처님의 자비에 의지하지 않고서는 고혼들을 제도하여 해탈시키기 어렵습니다. 법연(法筵)은 만나기 어려운데 이렇게 훌륭한 법회를 만났으니, 지난날의 잘못을 깊이 반성하고 마음속의 불성을 직시하시기 바랍니다.

삼가 글을 올립니다.

모년 모월 모일 소문 병법사문 아무개 서명

10

원만회향소
(圓滿回向疏)

修說水陸大會所 圓滿回向疏

切以 感信心於武帝 神夢潛通 契玄旨於誌公 經函大啓 爲救冥陽
之苦 故修水陸之儀

玆者 施主某甲 [伏爲某事] 捨有限財 建無遮會 廣備香花而設席
嚴陳品膳以開筵

上行召請十方法界三寶聖賢 中行召請天仙地祇冥府官僚 下行召
請四生七趣冥途有情

如是三界聖賢 獻以珍羞之味 蘇羅[64]鬼畜 祀以異品之肴 仍懺滌於
罪愆 復聞熏於戒法 怨親普濟 盡法界以無遺 凡聖同資 等河沙而
莫筭

玆者 誠心已格 妙會斯圓 廻有作之殊勳 施無邊之種類

伏願 三界九有 曰玆而念念歸眞 六趣四生 自此而新新作佛 修齋
施主 萬善莊嚴 受薦亡靈 九蓮化往 龍歡神悅 雨順風調 万民樂業
而時和 百穀登場而歲稔 堯風永扇 舜日長明 法輪常轉於無窮 國

---

64 아수라(阿修羅)는 인도어의 음을 따서 한자로는 아소라(阿素羅 또는 阿蘇羅)·아소락(阿素洛)·
아수륜(阿須倫 또는 阿須輪)으로 다양하게 표기된다.

界恒安而不亂

然願 上窮有頂 下及無間 同沾水陸良曰 盡獲金剛種智

仰唯 三寶證明 廻向謹疏

某年 某月 某日 疏 秉法沙門 某押

원만회향소(圓滿回向疏).

가만히 생각해 보니, 양(梁)나라 무제(武帝)의 신심에 감동하여 신몽(神夢)으로 은밀히 통했고, 지공(誌公) 대사의 심오한 이치와 계합(契合)하여 경함(經函)을 크게 열어, 명양(冥陽)의 중생을 고해에서 구제하기 위한 수륙의 의례문이 편찬되었습니다.

이번에 시주 아무개는 [엎드려 무슨 일을 위해] 부족하나마 재화를 마련하여 무차회(無遮會)를 열었습니다. 널리 향화(香花)를 준비하고 자리를 만들어, 많은 음식을 장엄하게 진설하여 법연을 열었습니다.

상위에 시방법계의 삼보자존과 성현을 초청하였으며, 중위에 천선(天仙)·지기(地祇)·명부(冥府)의 관료를 초청하였으며, 하위에는 사생(四生)을 헤매는 칠취(七趣)[65]의 중생과 명도에 빠져 있는 모든 중생을 청하였습니다.

이와 같이 초청하여 삼계의 성현께 진수성찬의 맛있는 음식을 올리었으며, 아수라·아귀·축생에게도 진기한 물품으로 차려서 제사를 지냈습니다. 그리고 죄와 허물을 참회하여 악업을 씻어 내고, 다시 계법의 향훈에 대한 가르침도 받게 하였습니다. 미워하고 사랑하는 것을 구별

65　지옥취(地獄趣)·아귀취(餓鬼趣)·축생취(畜生趣)·아수라취(阿修羅趣)·인취(人趣)·신선취(神仙趣)·천취(天趣).

하지 않고 모두 제도되어 법계에 아무도 남아 있지 않게 되었으며, 범성 (凡聖)이 함께 받은 자량이 항하의 모래처럼 많아져 셀 수가 없게 되었습니다.

이렇게 성심과 격식을 갖춘 신묘(神妙)한 승회(勝會)를 원만하게 마치게 되었습니다. 신묘한 승회에서 지은 빼어난 공훈을 회향하여 한없이 많은 중생에게 베풀고자 합니다.

엎드려 바라옵건대, 삼계의 유정중생이 사는 아홉 곳의 중생은 이 법회를 인연으로 하여 한순간에 본성의 자리로 돌아가고, 육도를 사생(四生)으로 헤매는 중생은 이 법회로 인하여 새롭게 성불을 이루시기 바랍니다. 재를 닦은 시주는 온갖 칭찬으로 장엄되고, 천도 받은 망령은 구품 연화대로 왕생하며, 용신(龍神)이 즐거워하여 비와 바람이 순조롭고, 시절이 평화로워 만민이 즐겁게 일하며, 해마다 풍년이 들어 많은 곡식이 세상에 나오고, 평화로운 바람이 영원히 불고 태평한 날들이 오래도록 이어지며, 법륜(法輪)은 무궁토록 항상 전하여지고 국경은 어지러움 없이 항상 안전하길 바라옵니다.

바라옵건대, 위로는 유정천(有頂天)에 닿고 아래로는 무간지옥(無間地獄)에 미쳐, 모두 함께 수륙법회의 좋은 인연을 입어 금강의 종지(種智)를 얻으시기 바랍니다.

우러러 삼보자존께서 회향을 증명하여 주시기를 바라며 삼가 글을 올리옵니다.

모년 모월 모일 소문 병법사문 아무개 서명

11

행첩
(行牒)

修設水陸大會疏 行牒

據 娑婆世界 南贍部洲 朝鮮國[66] 某處住某 所伸情志[67] 伏爲某人
往生淨界

是以 謹命秉法闍梨一員 及僧一壇 取今月 某日 詣扵某寺 修設天
地冥陽水陸道場 約一夜 揚幡發牒 結界建壇 安置香浴 焚化魂衣
竪立無礙[68] 錢山廣設 無遮斛食 別備香花燈燭 茶果珎食 供養之儀
普伸迎請供養

十方法界 過現未來 常住三寶 諸佛菩薩 五果四向 一切僧伽耶衆
惟願慈悲 降臨道場 受霑供養

次及 召請 五通[69]神仙 護法天龍 三界四府 百億万靈 十方眞宰 冥
府十王 諸司官典 城隍社令 當境遶邐 幽顯神祇 起敎大士 面然鬼
王 訶利帝母 婆羅門仙等衆 惟願 承佛威力 降臨道場 受沾供養

---

66 갑사판본 某國.

67 갑사판본 旨.

68 갑사판본 無碍.

69 천이통(天耳通)·천안통(天眼通)·숙명통(宿命通)·타심통(他心通)·신족통(神足通).

次及 召請 十方法界 四生六道 一切地獄 餓鬼傍生 中陰界內 無量
無邊 諸有情衆 並願 承佛神力 普赴法筵 均沾妙利 等證菩提
今則 法事之初 須至專牒者 右牒請
四界直符使者 依此前頃所列 水陸海會 無量聖凡 速疾徧請 克至
令宵夜分 聞宣召請之音 普降道場 如遇開防主執之處 勿令稽滯牒
到奉行 不得有違 佛勅故牒
某年 某月 某日 某時 牒
釋迦如來遺教弟子奉行加持法事沙門 某押

행첩(行牒).

사바세계 남섬부주 조선국 모처(某處)에 사는 아무개는 중생을 구제하
고자 하는 마음을 내어 엎드려 어떤 사람이 정토세계에 왕생하기를 기
원합니다.

이에 병법 스님과 아사리 스님과 대중 스님들을 모시고 금월 모일 모 사
찰에서 천지명양수륙도량을 열고자 합니다. 하룻밤에 걸쳐 번(幡)을 드
날리고 첩문(牒文)을 발송하고 결계를 맺고 단을 세우고, 향욕실을 안치
하고 혼의(魂衣)를 태우며, 걸림 없는 전산(錢山)을 세우고 막힘없는 곡
식(斛食)을 널리 진설하였습니다. 별도로 향화(香花)·등촉(燈燭)·다과(茶
果)·진식(珍食)을 준비하여 공양 의식을 준비하고 이를 널리 펼치고자
공양 의식에 다음과 같이 청하옵니다.

시방법계 과거·현재·미래에 상주하시는 삼보자존과 모든 불보살님,
오과(五果)[70]·사향(四向)[71]의 모든 승가의 대중이시여! 오직 원하옵건대,
자비로 이 도량에 강림하시어 공양을 받아 주시기 바랍니다.

다음으로 다섯 신통력을 갖춘 신선, 부처님의 법을 보호하는 천룡, 삼

218

계(三界)와 천계·공계·지계·염마계의 모든 관리, 헤아릴 수 없이 많은 모든 신령, 시방법계의 하늘을 주재하시는 신령, 명부세계의 시왕과 그에 따른 관리, 성황과 사직을 담당한 신, 그리고 저승과 이승의 모든 천신(天神)과 지기(地祇), 꿈에 면연귀왕(面然鬼王)을 만나 수륙의 가르침을 처음으로 일으키신 아난 존자, 어린이를 보호하겠다고 맹세한 자비로운 하리제모(訶利帝母), 바라문선 등이시여! 오직 원하옵나니, 부처님의 위력을 입으시고 이 도량에 강림하시어 공양을 받아 주시기 바랍니다.

다음으로 시방법계 사생 육도의 모든 중생, 지옥·아귀·축생계의 모든 중생, 중음계에 있는 헤아릴 수 없고 한량없는 모든 유정(有情)들을 청하옵니다. 원하옵나니, 부처님의 위신력을 입어 모두 법연에 이르시어 미묘한 이익을 고르게 입으시고 다 함께 보리를 증득하시기 바랍니다.

이제 지금 법사(法事)를 시작하기에 앞서 마땅히 첩문을 보내옵니다. 초청하는 첩문은 이상과 같습니다.

천계·공계·지계·염마계 등 사계(四界)의 부절을 지닌 사자께서는 앞에서 말한 바와 같이 많은 대중이 모여 있는 수륙도량에 한없는 사성과 육범을 서둘러 널리 청하여 주시기 바랍니다. 오늘 밤 한밤중에 소청하는 소리를 듣고 모두 다 이 도량에 강림할 수 있도록 하여 주시기 바랍니다. 이 첩문을 보여 주면 주재하고 관장하는 이가 막힌 곳을 열어 일이 늦어지지 않게 할 것입니다. 첩문을 전달하는 일에 어긋남이 있어서는 안 되니 받들어 행하십시오. 첩문이 곧 부처님의 칙서이기 때문입니다.

---

70 소승불교에서 수행의 결과로 얻은 다섯 단계의 경지. 수다원과(須陀洹果)·사다함과(斯陀含果)·아나함과(阿那含果)·아라한과(阿羅漢果)·벽지불과(辟支佛果).

71 예류향(預流向)·일래향(一來向)·불환향(不還向)·아라한향(阿羅漢向)

모년 모월 모일 모시 첩(牒)

석가여래 유교(遺敎)제자봉행 가지법사(法事) 사문 아무개 서명

天地冥陽水陸齋儀疏榜文牒節要一本

IV
—
제소피봉

諸疏皮封 [72]

갑사판본 諸疏首行封皮樣.

1
상위소문 봉투 양식

召請文疏拜獻 十方三寶慈尊 釋迦如來遺敎弟子奉行加持法事沙
門 某 謹封

'소청문소배헌'과 '시방삼보자존'을 두 줄로 내려 쓰고 그 아래 '석가여
래유교제자봉행가지법사사문 누구 근봉'을 한 줄로 내려 쓴다.

2
중위소문 봉투 양식

召請文疏拜獻 三界四府群眞 釋迦如來遺敎弟子奉行加持法事沙
門 某 謹封

3
하위소문 봉투 양식

謹備文疏召請 十類三途等衆 釋迦如來遺教弟子奉行加持法事沙
門 某 謹封

4
사자소문 봉투 양식

四界文疏拜獻 四直持符使者 釋迦如來遺敎弟子奉行加持法事沙
門 某 謹封

5
행첩문 봉투 양식

召請文疏拜獻 四界直符使者 釋迦如來遺敎弟子奉行加持法事沙
門 某 謹封

6
오로소문 봉투 양식

開闢文疏拜獻 五方五位神王 釋迦如來遺敎弟子奉行加持法事沙
門 某 謹封

230

7
회향소문 봉투 양식

十方三寶 證明回向 釋迦如來遺教弟子奉行加持法事沙門 某 謹封

水陸無遮平等齋儀撮要
수륙무차평등재의촬요

ⓒ 미등, 2022

2022년 8월 1일 초판 1쇄 발행

역저 미등(연제영)
발행인 박상근(至弘) • 편집인 류지호 • 상무이사 김상기 • 편집이사 양동민
책임편집 권순범 • 편집 이상근, 김재호, 양민호, 김소영 • 디자인 쿠담디자인
제작 김명환 • 마케팅 김대현, 정승채, 이선호 • 관리 윤정안
펴낸 곳 불광출판사 (03150) 서울시 종로구 우정국로 45-13, 3층
　　　　대표전화 02) 420-3200 편집부 02) 420-3300 팩시밀리 02) 420-3400
　　　　출판등록 제300-2009-130호(1979. 10. 10.)

ISBN 979-11-92476-25-4 (03220)

값 25,000원